LIVRE DE CUISINE

INSTANT POT

200

Recettes

Étape par Étape

Pour

Des Plats Simples et Variées

Jade Clotilde

Table des matières

Introduction 8

   De petit Déjeuner 9

Avoine Coupée en Acier au Chocolat Instant Pot 10

Bouchées de Muffins Instantanés 11

Bouchées de Crêpes Instantanées 12

Burritos Instantanés pour le Petit-Déjeuner 13

Biscuits Instantanés et Sauce 14

Casserole de Petit-Déjeuner Instant Pot 15

Café Glacé Instant Pot 16

Cordonnier de Petit-Déjeuner Instant Pot 17

Crêpes Instant Pot 18

Farine d'Avoine Instantanée à l'Instant Pot 19

Farine d'Avoine Cuite au Four Instantanée 20

Farine d'Avoine Savoureuse Instant Pot 21

Frittata Instantanée en Pot 22

Gâteau au Café Instantané à l'Instant Pot 23

Gâteau aux Pommes Instantané 24

Granola à l'Instant Pot 25

Gruau à l'Instant Pot 26

Muffins au Chocolat Instantanés 27

Œufs Durs Parfaits Instant Pot 28

Pain à la Cannelle Instant Pot 29

Pain aux Courgettes Double Chocolat Instant Pot 30

Pain aux Bananes Instant Pot 31

Pain de Maïs Instantané 32

Pain de Singe à l'Instant Pot 33

Pain Doré Instantané 34

Pouding au Petit-Déjeuner Instant Pot 35

Pouding au Pain d'Épices Instant Pot 36

Riz au Lait Instantané 37

Patates Douces Farcies au Petit-Déjeuner Instant Pot 38

Yaourt Instantané en Pot 39

   Sauces Et Assaisonnements 40

Assaisonnement Taco Instantané : 41

Sauce Alfredo Instantanée 41

Sauce aux Champignons Instant Pot 42

Sauce Champignon à l'Ail et au Thym 42

Sauce Crémeuse au Champignon Instant Pot 43

Sauce Crémeuse à l'Avocat Instant Pot 43

Sauce au Curry et Lait de Coco Instant Pot 44

Sauce Curry au Coco 44

Sauce Curry à la Mangue 45

Sauce au Curry Rouge : 45

Sauce Barbecue Maison Instant Pot 45

Sauce Bolognaise Instant Pot 46

Sauce Béarnaise Express 46

Sauce au Poivre Vert 47

Sauce au Poivre Noir et Cognac 47

Sauce au Roquefort : 47

Sauce Teriyaki Instant Pot 48

Sauce à la Tomate Maison 48

Sauce Tomate Basilic Instant Pot 49

Sauce Tomate aux Olives 49

    Soupe 50

Chaudrée de Maïs Instantanée 51

Ragoût Instantané de Haricots Blancs et de Bette à Carde 51

Ramen Instantané 52

Tortellini Instantanée 52

Soupe aux Légumes Instantanée 53

Soupe à l'Oignon Française Instant Pot 53

Soupe de Lasagne Instantanée 54

Soupe Instantanée à la Courge Musquée 54

Soupe Instantanée à la Citrouille 55

Soupe Instantanée à l'Orge et aux Légumes 55

Soupe Instantanée aux Asperges 56

Ragoût Instantané aux Cacahuètes 56

Soupe Instantanée au Chou-Fleur 57

Soupe Instantanée au Chou 57

Soupe Instantanée au Brocoli et au Cheddar 58

Soupe Instantanée aux Épinards 58

- Soupe Instantanée aux Carottes ... 59
- Soupe Instantanée aux Champignons ... 59
- Soupe Instantanée aux Haricots Blancs et au Chou Frisé ... 60
- Soupe Instantanée aux Haricots Noirs ... 60
- Soupe Instantanée aux Lentilles ... 61
- Soupe de Pommes de Terre Instantanée ... 61
- Soupe Instant Pot Pâtes et Fagioli ... 62
- Soupe Instantanée aux Patates Douces ... 62
- Soupe Instantanée aux Pois Chiches ... 63
- Soupe Instantanée au Riz Sauvage ... 63
- Soupe Instantanée aux Raviolis en Pot ... 64
- Soupe Instantanée aux Tacos ... 64
- Soupe Instantanée aux Tomates en Pot ... 65
- Soupe Minestrone Instantanée ... 66
- Pot Instantané Zuppa Toscana ... 67
  - Ragoût de Ratatouille ... 68
- Ragoût de Ratatouille Classique ... 69
- Ragoût de Ratatouille au Pesto ... 69
- Ragoût de Ratatouille aux Haricots Blancs ... 70
- Ragoût de Ratatouille aux Olives ... 70
- Ragoût de Ratatouille au Curry ... 71
- Ragoût de Ratatouille aux Légumes d'Hiver ... 71
- Ragoût de Ratatouille aux Légumes Grillés ... 72
- Ragoût de Ratatouille aux Légumes Méditerranéens ... 72
- Ragoût de Ratatouille aux Pois Chiches ... 73
- Ragoût de Ratatouille aux Herbes de Provence ... 73
  - Crevettes ... 74
- Scampis aux Crevettes Instant Pot ... 75
- Bouillir les Crevettes Instant Pot ... 75
- Crevettes Instantanées Alfredo ... 76
- Crevettes et Brocoli Instant Pot ... 76
- Crevettes Instantanées à l'Ail ... 77
- Crevettes au Beurre Indien Instant Pot ... 77
- Instant Pot Peler et Manger des Crevettes ... 78
- Pâtes aux Crevettes Instantanées avec Sauce à la Crème de Tomate ... 78
- Pâtes aux Crevettes Instant Pot Bang Bang ... 79

Fajitas aux Crevettes Instant Pot	79
Tacos aux Crevettes à la Coriandre et à la Lime Instant Pot	80
Paella Instantanée aux Crevettes	80
Riz au Curry aux Crevettes	81
Riz Frit aux Crevettes Instant Pot	81
Poulet aux Oignons à la Française	82
Poulet aux Oignons Caramélisés	83
Poulet aux Oignons et à la Moutarde	83
Poulet aux Oignons et au Bouillon Aromatisé	84
Poulet aux Oignons et aux Champignons	84
Poulet aux Oignons et au Citron	85
Poulet aux Oignons et au Curry	85
Poulet aux Oignons et aux Olives	86
Poulet aux Oignons et aux Herbes de Provence	86
Poulet aux Oignons et aux Pruneaux	87
Poulet aux Oignons et au Thym	87
Repas à préparer	88
Blanquette de Veau Express	89
Boeuf Bourguignon	89
Boeuf aux Carottes et aux Herbes	90
Bœuf Stroganoff aux Champignons	90
Cassoulet Maison	90
Chili Con Carne	91
Chili Végétalien aux Haricots Rouges	91
Curry de Pois Chiches Végétarien :	91
Curry Végétarien aux Pois Chiches :	92
Lentilles au Chorizo et aux Légumes	92
Lentilles au Curry et à la Noix de Coco	92
Lentilles au Cumin et Tomates	93
Lentilles à la Provençale	93
Pâtes aux Légumes et à la Sauce Tomate	93
Poulet à la Moutarde et aux Champignons	94
Poulet aux Champignons et Herbes de Provence	94
Poulet au Citron et aux Herbes	94
Poulet au Curry et au Lait de Coco	95
Poulet au Curry et Lait de Coco :	95

- Poulet au Curry Coco 95
- Ratatouille au Poulet 96
- Ratatouille Provençale 96
- Risotto aux Légumes Printaniers 96
  - Rôtis et de caramélisation 97
- Boeuf Stroganoff Instant Pot 98
- Poitrines de Poulet Teriyaki Instant Pot 99
- Poulet au Curry et Lait de Coco Instant Pot 100
- Poulet au Citron et à l'Ail Instant Pot 101
- Rôti de Dinde aux Canneberges 102
  - Riz 103
- Riz à la Mexicaine Instant Pot 104
- Riz à la Créole Instant Pot 104
- Riz à l'Espagnole Instant Pot 105
- Riz à la Jardinière Instant Pot 105
- Riz au Citron et aux Herbes Instant Pot 106
- Riz au Citron et aux Herbes Instant Pot 106
- Riz à la Créole Instant Pot 107
- Riz au Curry Végétarien Instant Pot 107
- Riz aux Haricots Noirs et à la Coriandre Instant Pot 108
- Riz Jollof Instant Pot 108
- Riz au Poulet et aux Légumes Instant Pot 109
- Riz au Poulet Curry Instant Pot 109
- Riz Pilaf aux Champignons Instant Pot 110
- Riz Pilaf aux Légumes Instant Pot 110
- Riz Pilaf au Poulet Instant Pot 111
- Riz Jambalaya Instant Pot 111
- Riz au Safran Instant Pot 112
- Risotto aux Champignons Instant Pot 112
- Risotto au Safran et aux Asperges Instant Pot 113
- Risotto au Saumon Instant Pot 113
  - Macaroni 114
- Macaroni à la Carbonara 115
- Macaroni à la Sauce Tomate Épicée 115
- Macaroni au Fromage Classique 116
- Macaroni au Fromage et Tomates Séchées 116

- Macaroni au Fromage et Brocoli ... 116
- Macaroni Bolognaise ... 117
- Macaroni aux Champignons et Fromage de Chèvre ... 117
- Macaroni aux Crevettes et à l'Ail : ... 118
- Macaroni aux Légumes Printaniers : ... 118
- Macaroni au Poulet Alfredo ... 119
- Macaroni aux Légumes Méditerranéens : ... 119
  - Desserts ... 120
- Crêpes Suzette à l'Orange : ... 121
- Crème Brûlée à la Vanille ... 121
- Crème Catalane au Citron ... 121
- Clafoutis aux Cerises ... 122
- Cheesecake aux Fruits Rouges ... 122
- Compote de Pommes à la Cannelle : ... 122
- Compote de Fruits d'Hiver : ... 123
- Compote de Pêches à la Vanille ... 123
- Compote de Rhubarbe et Fraises : ... 123
- Fondant au Chocolat ... 124
- Fondant au Chocolat et Poires ... 124
- Fondant aux Pommes et Caramel ... 124
- Île Flottante au Caramel ... 125
- Gâteau aux Pommes et Cannelle ... 125
- Gâteau au Citron et Pavot ... 125
- Gâteau au Yaourt Citron et Amandes : ... 126
- Muffins aux Myrtilles : ... 126
- Mousse au Chocolat à la Menthe ... 126
- Pots de Crème au Chocolat ... 127
- Pudding au Chocolat et Framboises ... 127
- Pudding au Riz à la Vanille ... 127
- Riz au Lait à la Cannelle : ... 128
- Tarte aux Pommes Express ... 128
- Tarte au Citron Meringuée ... 128
- Tarte Tatin aux Pommes ... 129
- Tartelettes aux Fraises ... 129

Introduction

Bienvenue dans "Livre de Cuisine Instant Pot : 200 Recettes Étape par Étape pour des Plats Simples et Variés", votre guide exhaustif pour explorer les délices de la cuisine facilitée par l'Instant Pot. Cet ouvrage vous emmène à travers 200 recettes savoureuses et simples, divisées ingénieusement en catégories telles que Petit-déjeuner, Sauces et Assaisonnements, Soupes et Ragoûts, et bien plus encore.

L'Instant Pot, véritable bijou de la cuisine moderne, offre une polyvalence inégalée. Tous les modèles peuvent cuire sous pression, mijoter, maintenir au chaud et même faire sauter vos ingrédients préférés. Peu importe votre niveau de compétence culinaire, l'Instant Pot réduit le temps de préparation tout en conservant la saveur des plats faits maison.

Explorez ces recettes, soigneusement conçues pour simplifier votre expérience en cuisine, du Petit-déjeuner Instant Pot aux Desserts décadents. Que vous soyez amateur de viande, de légumes ou d'une cuisine plus élaborée, ces 200 recettes s'adaptent à tous les goûts.

Gagnez du temps en cuisine grâce à la commodité et à la rapidité offertes par l'Instant Pot. Que vous ayez une journée bien remplie ou que vous cherchiez simplement des plats simples et délicieux, ces recettes vous permettent de remplir, verrouiller et partir vaquer à vos occupations pendant que l'Instant Pot prend soin du reste.

Découvrez des plats savoureux sans compromis sur la qualité, adaptés aux ménages occupés qui recherchent des dîners rapides et délicieux. Que vous soyez novice ou chef émérite, ces recettes vous guideront à chaque étape, transformant l'utilisation quotidienne de votre Instant Pot en une expérience culinaire agréable.

Plongez-vous dans cet ouvrage et explorez un monde de saveurs où la simplicité et la délicatesse se rencontrent dans chaque bouchée. "Le Livre de Recettes Instant Pot Étape par Étape : 200 Recettes Simples" est votre compagnon idéal pour tirer le meilleur parti de votre Instant Pot et ravir vos papilles à chaque repas.

DE PETIT DÉJEUNER

Avoine Coupée en Acier au Chocolat Instant Pot

- ❖ Temps de préparation : 5 minutes
- ❖ Temps de cuisson : 10 minutes (sous pression)
- ❖ Portions : 4 portions

Ingrédients :

- 125 g d'avoine coupée en acier
- 625 ml de lait
- 2 cuillères à soupe de cacao en poudre
- 2 cuillères à soupe de sirop d'érable
- 1 cuillère à café d'extrait de vanille
- Une pincée de sel
- Pépites de chocolat (environ 40 g, en option)

Instructions :

1. Dans la cuve de l'Instant Pot, combinez l'avoine coupée en acier, le lait, le cacao en poudre, le sirop d'érable, l'extrait de vanille et une pincée de sel.
2. Mélangez bien pour vous assurer que tous les ingrédients sont bien combinés.
3. Fermez le couvercle de l'Instant Pot et réglez-le en mode "Cuisson sous pression" pendant 10 minutes.
4. Une fois la cuisson terminée, laissez la pression se libérer naturellement pendant 5 minutes, puis effectuez une libération rapide.
5. Ouvrez le couvercle avec précaution et remuez l'avoine.
6. Si désiré, ajoutez des pépites de chocolat et remuez jusqu'à ce qu'elles soient fondues dans l'avoine chaude.
7. Servez l'avoine coupée en acier au chocolat dans des bols, garnie de vos toppings préférés comme des fruits frais, des noix ou des graines.

Bouchées de Muffins Instantanés

- ❖ Temps de préparation : 10 minutes
- ❖ Temps de cuisson : 15 minutes (sous pression)
- ❖ Portions : Environ 12 bouchées

Ingrédients :

- 125 g de farine tout usage
- 100 g de sucre
- 1 cuillère à café de levure chimique
- 1/4 cuillère à café de bicarbonate de soude
- Une pincée de sel
- 120 ml de lait
- 60 ml d'huile végétale
- 1 œuf
- 1 cuillère à café d'extrait de vanille
- 60 g de pépites de chocolat

Instructions :

1. Dans un grand bol, mélangez la farine, le sucre, la levure chimique, le bicarbonate de soude et une pincée de sel.
2. Dans un autre bol, battez l'œuf, puis ajoutez le lait, l'huile végétale et l'extrait de vanille. Mélangez bien.
3. Ajoutez les ingrédients liquides aux ingrédients secs et mélangez jusqu'à obtenir une pâte lisse.
4. Incorporez les pépites de chocolat à la pâte et mélangez délicatement.
5. Graissez légèrement le moule à muffins compatible avec l'Instant Pot.
6. Remplissez chaque alvéole du moule à muffins aux trois quarts avec la pâte à muffins.
7. Ajoutez 1 à 2 litres d'eau dans la cuve de l'Instant Pot. Placez le support métallique fourni avec l'Instant Pot dans la cuve.
8. Placez le moule à muffins sur le support métallique.
9. Fermez le couvercle de l'Instant Pot et réglez-le en mode "Cuisson sous pression" pendant 15 minutes.
10. Une fois la cuisson terminée, laissez la pression se libérer naturellement pendant 5 minutes, puis effectuez une libération rapide.
11. Retirez le moule à muffins de l'Instant Pot et laissez les bouchées de muffins refroidir avant de les démouler.
12. Servez les bouchées de muffins instantanés une fois refroidies.

Bouchées de Crêpes Instantanées

- ❖ Temps de préparation : 10 minutes
- ❖ Temps de cuisson : 15 minutes (sous pression)
- ❖ Portions : Environ 12 bouchées

Ingrédients :

- 125 g de farine tout usage
- 1 cuillère à soupe de sucre
- 1 cuillère à café de levure chimique
- 1/2 cuillère à café de bicarbonate de soude
- Une pincée de sel
- 240 ml de lait
- 1 œuf
- 2 cuillères à soupe de beurre fondu
- 1 cuillère à café d'extrait de vanille
- Garnitures au choix : fruits, sirop d'érable, crème fouettée, etc.

Instructions :

1. Dans un bol, mélangez la farine, le sucre, la levure chimique, le bicarbonate de soude et une pincée de sel.
2. Dans un autre bol, battez l'œuf, puis ajoutez le lait, le beurre fondu et l'extrait de vanille. Mélangez bien.
3. Ajoutez les ingrédients liquides aux ingrédients secs et mélangez jusqu'à obtenir une pâte lisse.
4. Graissez légèrement le moule à muffins compatible avec l'Instant Pot.
5. Versez la pâte à crêpes dans chaque alvéole du moule, les remplissant aux trois quarts.
6. Ajoutez 1 à 2 litres d'eau dans la cuve de l'Instant Pot. Placez le support métallique fourni avec l'Instant Pot dans la cuve.
7. Placez le moule à muffins sur le support métallique.
8. Fermez le couvercle de l'Instant Pot et réglez-le en mode "Cuisson sous pression" pendant 15 minutes.
9. Une fois la cuisson terminée, laissez la pression se libérer naturellement pendant 5 minutes, puis effectuez une libération rapide.
10. Retirez le moule à muffins de l'Instant Pot et laissez les bouchées de crêpes refroidir avant de les démouler.
11. Servez les bouchées de crêpes instantanées avec vos garnitures préférées.

Burritos Instantanés pour le Petit-Déjeuner

- ❖ Temps de préparation : 15 minutes
- ❖ Temps de cuisson : 15 minutes
- ❖ Portions : 4 burritos

Ingrédients :

- 4 grandes tortillas de blé
- 6 œufs, battus
- 200 g de saucisse déjeuner (ou chorizo), hachée
- 1 poivron rouge, coupé en dés
- 1 oignon, haché
- 150 g de pommes de terre rissolées précuites
- 100 g de fromage râpé (cheddar, monterey jack, ou votre choix)
- Sel et poivre, selon le goût
- Salsa, guacamole et coriandre fraîche (pour la garniture)

Instructions :

1. Préchauffez votre Instant Pot en mode "Sauté" pendant quelques minutes.
2. Faites revenir la saucisse hachée dans l'Instant Pot jusqu'à ce qu'elle soit bien cuite. Retirez l'excès de graisse.
3. Ajoutez les poivrons et les oignons dans l'Instant Pot et faites-les sauter jusqu'à ce qu'ils soient tendres.
4. Ajoutez les œufs battus dans l'Instant Pot et remuez-les avec les légumes jusqu'à ce qu'ils soient bien cuits.
5. Ajoutez les pommes de terre rissolées pré-cuites et mélangez bien. Assaisonnez avec du sel et du poivre selon votre goût.
6. Réchauffez rapidement les tortillas de blé selon les instructions de l'emballage.
7. Placez une portion du mélange d'œufs et de légumes au centre de chaque tortilla.
8. Saupoudrez de fromage râpé sur le dessus du mélange.
9. Repliez les côtés des tortillas vers l'intérieur, puis repliez le bas vers le haut et roulez-les pour former des burritos.
10. Placez les burritos dans l'Instant Pot et réglez-le en mode "Cuisson sous pression" pendant 5 minutes pour les réchauffer.
11. Servez les burritos chauds garnis de salsa, de guacamole et de coriandre fraîche.

Biscuits Instantanés et Sauce

- ❖ Temps de préparation : 15 minutes
- ❖ Temps de cuisson : 20 minutes
- ❖ Portions : Environ 12 biscuits

Ingrédients pour les Biscuits :

- 250 g de farine tout usage
- 15 g de levure chimique
- 5 g de sucre
- Une pincée de sel
- 120 g de beurre froid, coupé en cubes
- 180 ml de lait

Ingrédients pour la Sauce :

- 60 g de beurre
- 60 g de farine
- 480 ml de lait
- Sel et poivre, selon le goût

Instructions pour les Biscuits :

1. Préchauffez votre Instant Pot en mode "Sauté" pendant quelques minutes.
2. Dans un grand bol, mélangez la farine, la levure chimique, le sucre et le sel.
3. Ajoutez le beurre froid coupé en cubes et mélangez jusqu'à obtenir une texture de chapelure.
4. Ajoutez le lait et remuez jusqu'à ce que la pâte soit juste combinée.
5. Déposez des tas de pâte sur une plaque de cuisson légèrement farinée, formant des biscuits.
6. Placez la plaque de cuisson dans l'Instant Pot préchauffé.
7. Fermez le couvercle de l'Instant Pot sans le verrouiller, permettant ainsi la circulation de l'air.
8. Réglez l'Instant Pot en mode "Cuisson sous pression" pendant 8 minutes.
9. Une fois la cuisson terminée, laissez la pression se libérer naturellement pendant 5 minutes, puis effectuez une libération rapide.
10. Retirez les biscuits de l'Instant Pot et laissez-les refroidir légèrement.

Instructions pour la Sauce :

- Pendant que les biscuits cuisent, préparez la sauce. Dans une casserole, faites fondre le beurre.
- Ajoutez la farine et remuez pour former un roux.
- Ajoutez lentement le lait en remuant constamment pour éviter les grumeaux.
- Continuez à remuer jusqu'à ce que la sauce épaississe. Assaisonnez avec du sel et du poivre selon votre goût.
- Servez les biscuits chauds avec la sauce onctueuse.

Casserole de Petit-Déjeuner Instant Pot

- ❖ Temps de préparation : 15 minutes
- ❖ Temps de cuisson : 25 minutes
- ❖ Portions : 6

Ingrédients :

- 6 œufs
- 250 ml de lait
- 200 g de saucisse à déjeuner (ou lardons), coupée en dés
- 1 poivron rouge, coupé en dés
- 1 oignon, haché
- 2 pommes de terre moyennes, pelées et coupées en dés
- 100 g de fromage râpé (cheddar, gruyère, ou votre choix)
- Sel et poivre au goût
- Herbes fraîches (persil, ciboulette) pour garnir (optionnel)

Instructions :

1. Dans un bol, battez les œufs et ajoutez le lait. Assaisonnez avec du sel et du poivre. Réservez.
2. Sélectionnez la fonction "Sauté" sur l'Instant Pot. Faites cuire les saucisses (ou lardons) jusqu'à ce qu'ils soient dorés.
3. Ajoutez les poivrons, l'oignon, et les pommes de terre dans l'Instant Pot. Faites sauter pendant quelques minutes jusqu'à ce que les légumes soient légèrement tendres.
4. Versez le mélange d'œufs battus sur les ingrédients dans l'Instant Pot.
5. Saupoudrez de fromage râpé sur le dessus.
6. Fermez le couvercle de l'Instant Pot et réglez-le en mode "Cuisson sous pression" pendant 10 minutes
7. Une fois la cuisson terminée, laissez la pression se libérer naturellement pendant 5 minutes, puis faites une libération rapide.
8. Garnissez la casserole de petit-déjeuner de fines herbes fraîches, si désiré.
9. Servez chaud et profitez de votre délicieuse casserole de petit-déjeuner Instant Pot !

Café Glacé Instant Pot

- ❖ Temps de préparation : 5 minutes
- ❖ Temps de cuisson : 5 minutes (pour l'infusion)
- ❖ Temps de refroidissement : 2 heures
- ❖ Portions : 4

Ingrédients :

- 240 g de café moulu (mouture moyenne)
- 960 ml d'eau froide
- 1-2 cuillères à soupe de sirop d'érable ou de sucre (ajustez selon votre goût)
- Glace
- Lait (facultatif)

Instructions :

1. Ajoutez le café moulu et l'eau froide dans l'Instant Pot.
2. Remuez légèrement pour vous assurer que le café est bien immergé dans l'eau.
3. Fermez le couvercle de l'Instant Pot et réglez-le en mode "Cuisson sous pression" pendant 5 minutes.
4. Une fois la cuisson terminée, laissez la pression se libérer naturellement pendant 10 minutes, puis effectuez une libération rapide.
5. À l'aide d'une passoire fine ou d'un filtre à café, filtrez le café pour retirer les grains.
6. Ajoutez le sirop d'érable ou le sucre dans le café infusé et remuez jusqu'à dissolution complète.
7. Laissez le café refroidir à température ambiante, puis réfrigérez pendant au moins 2 heures.
8. Servez le café glacé sur de la glace et ajoutez du lait si désiré.
9. Garnissez avec des glaçons supplémentaires et dégustez votre café glacé Instant Pot.

Cordonnier de Petit-Déjeuner Instant Pot

- ❖ Temps de préparation : 15 minutes
- ❖ Temps de cuisson : 20 minutes (sous pression)
- ❖ Portions : 6 portions

Ingrédients :

- 400 g de fruits mélangés (fraises, bleuets, framboises)
- 50 g de sucre
- 1 cuillère à soupe de fécule de maïs
- 1 cuillère à café de vanille
- Une pincée de sel
- 90 g de flocons d'avoine
- 60 g de farine d'amande
- 30 g de farine tout usage
- 60 ml de sirop d'érable
- 60 ml d'huile de coco fondue

Instructions :

1. Dans un bol, mélangez les fruits mélangés, le sucre, la fécule de maïs, la vanille et une pincée de sel.
2. Graissez légèrement le moule à gâteau compatible avec l'Instant Pot.
3. Versez le mélange de fruits dans le moule.
4. Dans un autre bol, mélangez les flocons d'avoine, la farine d'amande, la farine tout usage, le sirop d'érable, l'huile de coco fondue, la cannelle et une pincée de sel.
5. Répartissez ce mélange uniformément sur les fruits dans le moule.
6. Ajoutez 1 à 2 litres d'eau dans la cuve de l'Instant Pot. Placez le support métallique fourni avec l'Instant Pot dans la cuve.
7. Placez le moule à gâteau sur le support métallique.
8. Fermez le couvercle de l'Instant Pot et réglez-le en mode "Cuisson sous pression" pendant 20 minutes.
9. Une fois la cuisson terminée, laissez la pression se libérer naturellement pendant 10 minutes, puis effectuez une libération rapide.
10. Ouvrez le couvercle avec précaution et laissez le cordonnier de petit-déjeuner refroidir légèrement avant de le servir.
11. Servez le cordonnier de petit-déjeuner chaud, éventuellement accompagné de yaourt ou de crème fouettée.

Crêpes Instant Pot

- ❖ Temps de préparation : 10 minutes
- ❖ Temps de cuisson : 15 minutes
- ❖ Portions : Environ 8 crêpes

Ingrédients :

- 2 œufs
- 250 ml de lait
- 150 g de farine
- 1 cuillère à soupe de sucre
- 1/2 cuillère à café de sel
- 1 cuillère à café d'extrait de vanille (facultatif)
- Beurre pour la cuisson

Instructions :

1. Dans un grand bol, fouettez les œufs. Ajoutez le lait et mélangez bien.
2. Ajoutez la farine, le sucre, le sel et l'extrait de vanille (si utilisé) dans le bol. Mélangez jusqu'à obtenir une pâte lisse. Vous pouvez également utiliser un mixeur électrique pour une consistance encore plus homogène.
3. Préchauffez l'Instant Pot en mode "Sauté". Ajoutez une petite quantité de beurre pour graisser la cuve.
4. Versez environ (60 ml) de pâte à crêpes dans l'Instant Pot préchauffé. Inclinez l'Instant Pot pour répartir uniformément la pâte.
5. Fermez le couvercle de l'Instant Pot sans le verrouiller, permettant ainsi la circulation de l'air.
6. Laissez cuire la crêpe pendant environ 2 minutes jusqu'à ce que les bords soient légèrement dorés. Retournez la crêpe avec une spatule et faites cuire l'autre côté pendant environ 1 à 2 minutes.
7. Retirez la crêpe de l'Instant Pot et répétez le processus avec le reste de la pâte.
8. Servez les crêpes chaudes avec vos garnitures préférées telles que du sirop d'érable, des fruits frais, ou du sucre glace.

Farine d'Avoine Instantanée à l'Instant Pot

- ❖ Temps de préparation : 2 minutes
- ❖ Temps de cuisson : 3 minutes sous pression
- ❖ Portions : 2

Ingrédients :

- 90 g de flocons d'avoine
- 480 ml de lait (vache, amande, soja, etc.)
- 1 cuillère à soupe de sirop d'érable ou de miel
- 1/2 cuillère à café de vanille (facultatif)
- Une pincée de sel
- Garnitures au choix : fruits frais, noix, graines, etc.

Instructions :

1. Dans l'Instant Pot, combinez les flocons d'avoine, le lait, le sirop d'érable (ou le miel), la vanille (si utilisée), et une pincée de sel.
2. Mélangez bien pour vous assurer que les ingrédients sont bien répartis.
3. Fermez le couvercle de l'Instant Pot, réglez-le en mode "Cuisson sous pression" pendant 3 minutes.
4. Une fois la cuisson terminée, laissez la pression se libérer naturellement pendant 2 minutes, puis effectuez une libération rapide.
5. Ouvrez le couvercle avec précaution et remuez la farine d'avoine.
6. Ajoutez des garnitures au choix, telles que des fruits frais, des noix, des graines, etc.
7. Servez chaud et savourez votre farine d'avoine instantanée préparée rapidement dans l'Instant Pot.

Farine d'Avoine Cuite au Four Instantanée

- ❖ Temps de préparation : 5 minutes
- ❖ Temps de cuisson : 20 minutes
- ❖ Portions : 4 portions

Ingrédients :

- 100 g de flocons d'avoine
- 480 ml de lait
- 2 bananes mûres, écrasées
- 60 ml de sirop d'érable
- 1 cuillère à café d'extrait de vanille
- 1/2 cuillère à café de cannelle
- Une pincée de sel
- 60 g de noix hachées (facultatif)
- Fruits frais pour garnir (fraises, myrtilles, tranches de banane, etc.)

Instructions :

1. Préchauffez votre Instant Pot en mode "Sauté" pendant quelques minutes.
2. Dans le pot intérieur de l'Instant Pot, mélangez les flocons d'avoine, le lait, les bananes écrasées, le sirop d'érable, l'extrait de vanille, la cannelle et une pincée de sel.
3. Remuez bien le mélange pour vous assurer que les ingrédients sont bien combinés.
4. Fermez le couvercle de l'Instant Pot et réglez-le en mode "Cuisson sous pression" pendant 5 minutes.
5. Une fois la cuisson terminée, laissez la pression se libérer naturellement pendant 5 minutes, puis effectuez une libération rapide.
6. Ouvrez le couvercle avec précaution et remuez la farine d'avoine cuite.
7. Ajoutez éventuellement des noix hachées pour un croquant supplémentaire.
8. Répartissez la farine d'avoine cuite au four dans des bols individuels et garnissez avec des fruits frais.
9. Servez chaud et savourez votre délicieuse farine d'avoine cuite au four instantanée.

Farine d'Avoine Savoureuse Instant Pot

- ❖ Temps de préparation : 5 minutes
- ❖ Temps de cuisson : 10 minutes (sous pression)
- ❖ Portions : 4 portions

Ingrédients :

- 100 g de flocons d'avoine
- 480 ml de lait
- 1 pomme, pelée et coupée en dés
- 30 g de noix hachées
- 30 g de raisins secs
- 1 cuillère à soupe de sirop d'érable
- 1/2 cuillère à café de cannelle
- Une pincée de sel

Instructions :

1. Dans le pot intérieur de l'Instant Pot, combinez les flocons d'avoine, le lait, les dés de pomme, les noix, les raisins secs, le sirop d'érable, la cannelle et une pincée de sel.
2. Remuez bien le mélange pour vous assurer que les ingrédients sont bien combinés.
3. Fermez le couvercle de l'Instant Pot et réglez-le en mode "Cuisson sous pression" pendant 10 minutes.
4. Une fois la cuisson terminée, laissez la pression se libérer naturellement pendant 5 minutes, puis effectuez une libération rapide en déplaçant la valve vers la position d'aération.
5. Ouvrez le couvercle avec précaution et remuez la farine d'avoine savoureuse.
6. Servez la farine d'avoine dans des bols individuels et garnissez-la selon vos préférences, comme des morceaux de fruits frais, des noix supplémentaires ou un filet de sirop d'érable.

Frittata Instantanée en Pot

- ❖ Temps de préparation : 15 minutes
- ❖ Temps de cuisson : 10 minutes (sous pression)
- ❖ Portions : 4 portions

Ingrédients :

- 6 œufs
- 75 g de poivron rouge, coupé en dés
- 75 g de poivron vert, coupé en dés
- 50 g d'oignon, haché
- 50 g de champignons, tranchés
- 50 g de fromage râpé (cheddar, mozzarella, etc.)
- 60 ml de lait
- Sel et poivre, au goût
- 2 cuillères à soupe d'huile d'olive

Instructions :

1. Dans un bol, battez les œufs et mélangez-les avec le lait. Assaisonnez avec du sel et du poivre selon votre goût.
2. Ajoutez l'huile d'olive dans la cuve de l'Instant Pot et réglez-le en mode "Sauté".
3. Faites revenir les poivrons, l'oignon et les champignons dans l'huile d'olive jusqu'à ce qu'ils soient légèrement tendres.
4. Versez les œufs battus sur les légumes dans la cuve.
5. Saupoudrez le fromage râpé sur les œufs.
6. Fermez le couvercle de l'Instant Pot et réglez-le en mode "Cuisson sous pression" pendant 10 minutes.
7. Une fois la cuisson terminée, laissez la pression se libérer naturellement pendant quelques minutes, puis effectuez une libération rapide.
8. Ouvrez le couvercle avec précaution, vérifiez la cuisson de la frittata à l'aide d'une spatule, et servez-la directement à partir de la cuve.
9. Coupez la frittata en parts et servez chaud.

Gâteau au Café Instantané à l'Instant Pot

- ❖ Temps de préparation : 15 minutes
- ❖ Temps de cuisson : 35 minutes
- ❖ Portions : 8

Ingrédients :

Pour le gâteau :

- 125 g de farine tout usage
- 50 g de cacao en poudre
- 1 cuillère à café de café instantané en poudre
- 1 cuillère à café de levure chimique
- 1/2 cuillère à café de bicarbonate de soude
- Une pincée de sel
- 120 ml de lait
- 120 ml de café fort préparé
- 120 ml d'huile végétale
- 200 g de sucre
- 2 œufs
- 1 cuillère à café d'extrait de vanille

Pour le glaçage (optionnel) :

- 60 g de sucre glace
- 1 cuillère à soupe de café fort préparé

Instructions :

1. Préchauffez votre Instant Pot en mode "Sauté" pour quelques minutes.
2. Dans un grand bol, mélangez la farine, le cacao en poudre, le café instantané, la levure chimique, le bicarbonate de soude et une pincée de sel.
3. Dans un autre bol, mélangez le lait, le café fort, l'huile végétale, le sucre, les œufs et l'extrait de vanille jusqu'à obtenir un mélange homogène.
4. Ajoutez les ingrédients liquides aux ingrédients secs et mélangez bien jusqu'à obtenir une pâte lisse.
5. Versez la pâte dans un moule à gâteau compatible avec l'Instant Pot.
6. Placez le moule dans l'Instant Pot préchauffé.
7. Fermez le couvercle de l'Instant Pot et réglez-le en mode "Cuisson sous pression" pendant 35 minutes.
8. Une fois la cuisson terminée, laissez la pression se libérer naturellement pendant 10 minutes, puis effectuez une libération rapide.
9. Retirez le moule de l'Instant Pot et laissez le gâteau refroidir.
10. Si vous le souhaitez, préparez le glaçage en mélangeant le sucre glace avec le café préparé. Versez-le sur le gâteau refroidi.
11. Servez et savourez votre délicieux gâteau au café instantané !

Gâteau aux Pommes Instantané

- ❖ Temps de préparation : 15 minutes
- ❖ Temps de cuisson : 25 minutes (sous pression)
- ❖ Portions : 6 portions

Ingrédients :

- 2 pommes, pelées, épépinées et coupées en tranches
- 125 g de farine tout usage
- 100 g de sucre
- 1/2 cuillère à café de levure chimique
- 1/2 cuillère à café de bicarbonate de soude
- 1/2 cuillère à café de cannelle
- Une pincée de sel
- 60 ml d'huile végétale
- 60 ml de lait
- 1 œuf
- 1 cuillère à café d'extrait de vanille

Instructions :

1. Préchauffez votre Instant Pot en mode "Sauté" pendant quelques minutes.
2. Dans un bol, mélangez la farine, le sucre, la levure chimique, le bicarbonate de soude, la cannelle et une pincée de sel.
3. Dans un autre bol, battez l'œuf, puis ajoutez l'huile végétale, le lait et l'extrait de vanille. Mélangez bien.
4. Ajoutez les ingrédients liquides aux ingrédients secs et mélangez jusqu'à obtenir une pâte homogène.
5. Versez la moitié de la pâte dans le fond du pot intérieur de l'Instant Pot préchauffé.
6. Disposez une couche de tranches de pommes sur la pâte.
7. Versez le reste de la pâte sur les pommes, en vous assurant de bien les recouvrir.
8. Fermez le couvercle de l'Instant Pot et réglez-le en mode "Cuisson sous pression" pendant 25 minutes.
9. Une fois la cuisson terminée, laissez la pression se libérer naturellement pendant 10 minutes, puis effectuez une libération rapide en déplaçant la valve vers la position d'aération.
10. Ouvrez le couvercle avec précaution et laissez le gâteau aux pommes refroidir légèrement avant de le démouler.
11. Servez le gâteau aux pommes instantané tel quel ou saupoudré de sucre glace, selon votre préférence.

Granola à l'Instant Pot

- ❖ Temps de préparation : 10 minutes
- ❖ Temps de cuisson : 25 minutes
- ❖ Portions : Environ 6 tasses / 720 grammes

Ingrédients :

- 400 g de flocons d'avoine
- 100 g de noix hachées (amandes, noix, noisettes, etc.)
- 125 g de graines de tournesol
- 125 g de graines de citrouille
- 50 g de noix de coco râpée
- 60 ml d'huile de coco fondue
- 80 ml de sirop d'érable
- 5 ml d'extrait de vanille
- 2,5 g de cannelle
- Une pincée de sel
- 150 g de fruits secs (raisins secs, canneberges, etc.)

Instructions :

1. Préchauffez votre Instant Pot en mode "Sauté" pendant quelques minutes
2. Dans un grand bol, mélangez les flocons d'avoine, les noix hachées, les graines de tournesol, les graines de citrouille et la noix de coco râpée.
3. Dans un autre bol, mélangez l'huile de coco fondue, le sirop d'érable, l'extrait de vanille, la cannelle et une pincée de sel.
4. Versez le mélange liquide sur les ingrédients secs et mélangez bien pour enrober uniformément les ingrédients.
5. Transférez le mélange dans l'Instant Pot préchauffé.
6. Fermez le couvercle de l'Instant Pot sans le verrouiller, permettant ainsi la circulation de l'air.
7. Réglez l'Instant Pot en mode "Cuisson sous pression" pendant 10 minutes.
8. Une fois la cuisson terminée, laissez la pression se libérer naturellement pendant 15 minutes, puis effectuez une libération rapide.
9. Ouvrez le couvercle avec précaution et remuez le granola.
10. Étalez le granola sur une plaque à pâtisserie et laissez-le refroidir complètement.
11. Ajoutez les fruits secs une fois le granola refroidi.
12. Conservez le granola dans un récipient hermétique.

Gruau à l'Instant Pot

- ❖ Temps de préparation : 5 minutes
- ❖ Temps de cuisson : 10 minutes (temps de pressurisation inclus)
- ❖ Portions : 4

Ingrédients :

- 90 g de flocons d'avoine
- 480 ml de lait (vache, amande, soja, etc.)
- 240 ml d'eau
- 1 banane écrasée
- 1 cuillère à soupe de sirop d'érable (facultatif)
- 1/2 cuillère à café de cannelle
- Une pincée de sel
- Garnitures au choix : fruits frais, noix, graines, etc.

Instructions :

1. Dans l'Instant Pot, combinez les flocons d'avoine, le lait, l'eau, la banane écrasée, le sirop d'érable (si utilisé), la cannelle et une pincée de sel.
2. Mélangez bien pour vous assurer que les ingrédients sont bien répartis.
3. Fermez le couvercle de l'Instant Pot et réglez-le en mode "Cuisson sous pression" pendant 4 minutes.
4. Une fois la cuisson terminée, laissez la pression se libérer naturellement pendant 5 minutes, puis effectuez une libération rapide.
5. Ouvrez le couvercle avec précaution et remuez le gruau.
6. Servez le gruau chaud avec vos garnitures préférées, telles que des fruits frais, des noix, des graines, etc.

Muffins au Chocolat Instantanés

- ❖ Temps de préparation : 10 minutes
- ❖ Temps de cuisson : 15 minutes
- ❖ Portions : 12 muffins

Ingrédients :

- 1 1/2 de farine tout usage
- 1/2 de cacao en poudre
- 1 cuillère à café de café instantané en poudre
- 1 cuillère à soupe de levure chimique
- 1/2 cuillère à café de bicarbonate de soude
- 1/2 cuillère à café de sel
- 1 de lait
- 1/2 d'huile végétale
- 1 de sucre
- 2 œufs
- 1 cuillère à café d'extrait de vanille
- 1 de pépites de chocolat

Instructions :

1. Préchauffez votre Instant Pot en mode "Sauté" pour quelques minutes.
2. Dans un grand bol, mélangez la farine, le cacao en poudre, le café instantané, la levure chimique, le bicarbonate de soude et le sel.
3. Dans un autre bol, mélangez le lait, l'huile végétale, le sucre, les œufs et l'extrait de vanille jusqu'à obtenir un mélange homogène.
4. Ajoutez les ingrédients liquides aux ingrédients secs et mélangez bien jusqu'à obtenir une pâte lisse.
5. Ajoutez les pépites de chocolat à la pâte et remuez délicatement.
6. Disposez des caissettes en papier dans le moule à muffins.
7. Remplissez chaque caissette aux trois quarts avec la pâte à muffins.
8. Placez le moule à muffins dans l'Instant Pot préchauffé.
9. Fermez le couvercle de l'Instant Pot et réglez-le en mode "Cuisson sous pression" pendant 15 minutes.
10. Une fois la cuisson terminée, laissez la pression se libérer naturellement pendant 5 minutes, puis effectuez une libération rapide.
11. Retirez le moule à muffins de l'Instant Pot et laissez les muffins refroidir avant de les déguster.

Œufs Durs Parfaits Instant Pot

- ❖ Temps de préparation : 5 minutes
- ❖ Temps de cuisson : 5 minutes (sous pression) + 5 minutes (repos)
- ❖ Portions : Jusqu'à 6 œufs

Ingrédients :

- 6 œufs, à température ambiante
- 250 ml d'eau

Instructions :

1. Placez la grille en métal fournie avec l'Instant Pot au fond de la cuve.
2. Ajoutez 250 ml d'eau dans la cuve de l'Instant Pot.
3. Disposez délicatement les œufs sur la grille, en veillant à ne pas les superposer.
4. Fermez le couvercle de l'Instant Pot et assurez-vous que la valve est réglée sur la position de "Scellement".
5. Réglez l'Instant Pot en mode "Cuisson sous pression" pendant 5 minutes pour des œufs durs avec un jaune parfaitement cuit.
6. Une fois la cuisson terminée, laissez la pression se libérer naturellement pendant 5 minutes, puis effectuez une libération rapide en déplaçant la valve vers la position d'aération.
7. Ouvrez le couvercle avec précaution et transférez les œufs dans un bol d'eau glacée pour arrêter la cuisson.
8. Laissez les œufs refroidir pendant quelques minutes.
9. Écalez les œufs délicatement et servez-les tels quels ou utilisez-les dans vos recettes préférées.

Pain à la Cannelle Instant Pot

- ❖ Temps de préparation : 15 minutes
- ❖ Temps de cuisson : 35 minutes (sous pression)
- ❖ Portions : Environ 8 portions

Ingrédients :

- 300 g de farine tout usage
- 150 g de sucre
- 1 cuillère à soupe de levure chimique
- 1/2 cuillère à café de sel
- 240 ml de lait
- 60 ml d'huile végétale
- 2 œufs
- 1 cuillère à café d'extrait de vanille
- Pour la garniture à la cannelle :
- 75 g de sucre brun
- 2 cuillères à café de cannelle moulue
- Pour le glaçage (facultatif) :
- 100 g de sucre glace
- 2 cuillères à soupe de lait

Instructions :

1. Dans un grand bol, mélangez la farine, le sucre, la levure chimique et le sel.
2. Dans un autre bol, battez les œufs, puis ajoutez le lait, l'huile végétale et l'extrait de vanille. Mélangez bien.
3. Ajoutez les ingrédients liquides aux ingrédients secs et mélangez jusqu'à obtenir une pâte homogène.
4. Dans un petit bol, mélangez le sucre brun et la cannelle pour la garniture.
5. Graissez légèrement le moule à gâteau compatible avec l'Instant Pot.
6. Versez la moitié de la pâte dans le moule, saupoudrez de la moitié de la garniture à la cannelle, puis ajoutez le reste de la pâte et saupoudrez du reste de la garniture à la cannelle.
7. Ajoutez 240 à 480 ml d'eau dans la cuve de l'Instant Pot. Placez le support métallique fourni avec l'Instant Pot dans la cuve.
8. Placez le moule à gâteau sur le support métallique.
9. Fermez le couvercle de l'Instant Pot et réglez-le en mode "Cuisson sous pression" pendant 35 minutes.
10. Pendant ce temps, préparez le glaçage en mélangeant le sucre glace et le lait jusqu'à obtenir une consistance lisse.
11. Une fois la cuisson terminée, laissez la pression se libérer naturellement pendant 10 minutes, puis effectuez une libération rapide.
12. Retirez le moule à gâteau de l'Instant Pot et laissez le pain à la cannelle refroidir avant de le glacer (si désiré).
13. Une fois refroidi, glacez le pain à la cannelle avec le mélange de sucre glace.
14. Découpez en parts et dégustez !

Pain aux Courgettes Double Chocolat Instant Pot

- ❖ Temps de préparation : 15 minutes
- ❖ Temps de cuisson : 60 minutes (sous pression)
- ❖ Portions : Environ 8 portions

Ingrédients :

- 180 g de farine tout usage
- 30 g de cacao en poudre
- 1 cuillère à café de levure chimique
- 1/2 cuillère à café de bicarbonate de soude
- Une pincée de sel
- 120 ml d'huile végétale
- 100 g de sucre
- 100 g de cassonade
- 2 œufs
- 1 cuillère à café d'extrait de vanille
- 150 g de courgettes râpées
- 90 g de pépites de chocolat noir
- 90 g de pépites de chocolat blanc

Instructions :

1. Dans un bol, mélangez la farine, le cacao en poudre, la levure chimique, le bicarbonate de soude et une pincée de sel.
2. Dans un autre bol, battez l'huile végétale, le sucre, la cassonade, les œufs et l'extrait de vanille jusqu'à obtenir un mélange homogène.
3. Ajoutez les ingrédients secs au mélange liquide et mélangez bien.
4. Incorporez les courgettes râpées à la pâte, puis ajoutez les pépites de chocolat noir et blanc. Mélangez jusqu'à ce que les ingrédients soient répartis de manière homogène.
5. Graissez légèrement le moule à gâteau compatible avec l'Instant Pot.
6. Versez la pâte à gâteau dans le moule.
7. Ajoutez 240 à 480 ml d'eau dans la cuve de l'Instant Pot. Placez le support métallique fourni avec l'Instant Pot dans la cuve.
8. Placez le moule à gâteau sur le support métallique.
9. Fermez le couvercle de l'Instant Pot et réglez-le en mode "Cuisson sous pression" pendant 60 minutes.
10. Une fois la cuisson terminée, laissez la pression se libérer naturellement pendant 10 minutes, puis effectuez une libération rapide.
11. Ouvrez le couvercle avec précaution, retirez le moule à gâteau et laissez le pain aux courgettes refroidir avant de le démouler.
12. Dégustez le pain aux courgettes double chocolat une fois refroidi !

Pain aux Bananes Instant Pot

- ❖ Temps de préparation : 15 minutes
- ❖ Temps de cuisson : 50 minutes
- ❖ Portions : Environ 8 parts

Ingrédients :

- 3 bananes mûres, écrasées
- 2 œufs
- 120 ml d'huile végétale
- 1 cuillère à café d'extrait de vanille
- 200 g de sucre
- 250 g de farine tout usage
- 1 cuillère à café de bicarbonate de soude
- 1/2 cuillère à café de sel
- 1/2 cuillère à café de cannelle
- 1/4 cuillère à café de muscade
- 60 g de noix hachées (facultatif)

Matériel :

- Moule à gâteau compatible avec l'Instant Pot

Instructions :

1. Dans un grand bol, mélangez les bananes écrasées, les œufs, l'huile végétale et l'extrait de vanille.
2. Ajoutez le sucre au mélange et remuez jusqu'à ce que le sucre soit bien incorporé.
3. Dans un autre bol, mélangez la farine, le bicarbonate de soude, le sel, la cannelle et la muscade.
4. Ajoutez les ingrédients secs au mélange de bananes et mélangez jusqu'à obtenir une pâte homogène.
5. Si désiré, ajoutez les noix hachées et mélangez à nouveau.
6. Graissez légèrement le moule à gâteau compatible avec l'Instant Pot.
7. Versez la pâte dans le moule à gâteau et lissez la surface.
8. Ajoutez 240 à 480 ml d'eau dans la cuve de l'Instant Pot. Placez le support métallique fourni avec l'Instant Pot dans la cuve.
9. Placez le moule à gâteau sur le support métallique.
10. Fermez le couvercle de l'Instant Pot, en veillant à ce que la valve soit réglée sur la position de "Scellement".
11. Réglez l'Instant Pot en mode "Cuisson sous pression" pendant 50 minutes.
12. Une fois la cuisson terminée, laissez la pression se libérer naturellement pendant 10 minutes, puis effectuez une libération rapide.
13. Ouvrez le couvercle avec précaution et vérifiez la cuisson à l'aide d'un cure-dent (il doit ressortir propre).
14. Retirez le moule du pot et laissez le pain aux bananes refroidir avant de le démouler.
15. Dégustez le pain aux bananes instantané une fois refroidi !

Pain de Maïs Instantané

- ❖ Temps de préparation : 10 minutes
- ❖ Temps de cuisson : 25 minutes
- ❖ Portions : Environ 8 portions

Ingrédients :

- 200 g de farine de maïs
- 150 g de farine tout usage
- 2 cuillères à soupe de sucre
- 1 cuillère à soupe de levure chimique
- 1/2 cuillère à café de sel
- 240 ml de lait
- 120 g de beurre fondu
- 2 œufs
- 240 ml de crème de maïs (en conserve)

Matériel :

- Moule à gâteau compatible avec l'Instant Pot

Instructions :

1. Préchauffez votre Instant Pot en mode "Sauté" pendant quelques minutes.
2. Dans un grand bol, mélangez la farine de maïs, la farine tout usage, le sucre, la levure chimique et le sel.
3. Dans un autre bol, battez les œufs, puis ajoutez le lait, le beurre fondu et la crème de maïs.
4. Ajoutez les ingrédients liquides aux ingrédients secs et mélangez jusqu'à obtenir une pâte homogène.
5. Graissez légèrement le moule à gâteau compatible avec l'Instant Pot.
6. Versez la pâte dans le moule à gâteau et lissez la surface.
7. Ajoutez 240 à 480 ml d'eau dans la cuve de l'Instant Pot. Placez le support métallique fourni avec l'Instant Pot dans la cuve.
8. Placez le moule à gâteau sur le support métallique.
9. Fermez le couvercle de l'Instant Pot, en veillant à ce que la valve soit réglée sur la position de "Scellement".
10. Réglez l'Instant Pot en mode "Cuisson sous pression" pendant 25 minutes.
11. Une fois la cuisson terminée, laissez la pression se libérer naturellement pendant 10 minutes, puis effectuez une libération rapide.
12. Ouvrez le couvercle avec précaution et vérifiez la cuisson à l'aide d'un cure-dent (il doit ressortir propre).
13. Retirez le moule du pot et laissez le pain de maïs instantané refroidir avant de le démouler.
14. Dégustez le pain de maïs instantané en tranches une fois refroidi !

Pain de Singe à l'Instant Pot

- ❖ Temps de préparation : 15 minutes
- ❖ Temps de cuisson : 20 minutes
- ❖ Portions : 6

Ingrédients :

Pour la pâte :

- 400 g de biscuits à la cannelle prêts à cuire (type Pillsbury Grands)
- 115 g de beurre fondu
- 100 g de sucre brun
- 1 cuillère à café de cannelle

Pour le glaçage (optionnel) :

- 120 g de sucre glace
- 2 cuillères à soupe de lait
- 1/2 cuillère à café d'extrait de vanille

Instructions :

1. Coupez les biscuits à la cannelle en quartiers.
2. Dans un bol, mélangez le sucre brun et la cannelle.
3. Enrobez chaque quartier de biscuit dans le mélange de sucre brun et cannelle.
4. Dans l'Instant Pot, placez un insert de cuisson vapeur et ajoutez environ 240 ml d'eau.
5. Empilez les quartiers de biscuits dans l'Instant Pot, en les disposant en plusieurs couches si nécessaire.
6. Versez le beurre fondu sur les biscuits.
7. Fermez le couvercle de l'Instant Pot, réglez-le en mode "Cuisson sous pression" pendant environ 20 minutes.
8. Une fois la cuisson terminée, laissez la pression se libérer naturellement pendant 5 minutes, puis faites une libération rapide.
9. Pendant que le pain de singe repose dans l'Instant Pot, préparez le glaçage en mélangeant le sucre glace, le lait et l'extrait de vanille.
10. Retirez le pain de singe de l'Instant Pot et versez le glaçage sur le dessus.
11. Servez chaud et dégustez !

Pain Doré Instantané

- ❖ Temps de préparation : 10 minutes
- ❖ Temps de cuisson : 20 minutes
- ❖ Portions : 4

Ingrédients :

- 6 tranches de pain (pain de mie, brioche, ou autre)
- 4 œufs
- 250 ml de lait
- 15 g de sucre
- 5 ml d'extrait de vanille
- 2,5 g de cannelle
- Une pincée de sel
- Beurre pour la cuisson
- Sirop d'érable, fruits frais, ou sucre glace pour servir (optionnel)

Instructions :

1. Dans un bol, fouettez les œufs, ajoutez le lait, le sucre, l'extrait de vanille, la cannelle, et une pincée de sel. Mélangez bien.
2. Trempez chaque tranche de pain dans le mélange d'œufs, en vous assurant que les deux côtés sont bien enduits.
3. Dans l'Instant Pot, utilisez la fonction "Sauté" pour faire fondre une cuillère de beurre.
4. Placez les tranches de pain trempées dans l'Instant Pot et faites-les cuire pendant environ 2 à 3 minutes de chaque côté, jusqu'à ce qu'elles soient dorées.
5. Retirez les tranches de pain doré de l'Instant Pot et répétez le processus avec le reste du pain, en ajoutant du beurre au besoin.
6. Servez le pain doré chaud, garni de sirop d'érable, de fruits frais, ou saupoudré de sucre glace selon vos préférences.
7. Dégustez votre délicieux pain doré instantané !

Pouding au Petit-Déjeuner Instant Pot

- ❖ Temps de préparation : 10 minutes
- ❖ Temps de cuisson : 25 minutes (sous pression)
- ❖ Portions : Environ 6 portions

Ingrédients :

- 200 g de pain coupé en cubes (de préférence un pain rassis)
- 3 œufs
- 500 ml de lait
- 100 g de sucre
- 1 cuillère à café d'extrait de vanille
- 1/2 cuillère à café de cannelle moulue
- Une pincée de sel
- 50 g de raisins secs (facultatif)
- Beurre pour graisser le moule

Instructions :

1. Dans un bol, battez les œufs. Ajoutez le lait, le sucre, l'extrait de vanille, la cannelle, et une pincée de sel. Mélangez bien.
2. Ajoutez les cubes de pain dans le mélange liquide et assurez-vous que tous les morceaux de pain sont bien imprégnés. Laissez reposer pendant quelques minutes.
3. Si vous le souhaitez, ajoutez les raisins secs et mélangez.
4. Beurrez légèrement le moule à gâteau compatible avec l'Instant Pot.
5. Transférez le mélange de pain dans le moule.
6. Ajoutez environ 240 à 480 ml d'eau dans la cuve de l'Instant Pot. Placez le support métallique fourni avec l'Instant Pot dans la cuve.
7. Placez le moule à gâteau sur le support métallique.
8. Fermez le couvercle de l'Instant Pot et réglez-le en mode "Cuisson sous pression" pendant 25 minutes.
9. Une fois la cuisson terminée, laissez la pression se libérer naturellement pendant quelques minutes, puis effectuez une libération rapide.
10. Retirez le moule à gâteau de l'Instant Pot et laissez le pouding au petit-déjeuner refroidir légèrement avant de le servir.
11. Servez le pouding au petit-déjeuner avec du sirop d'érable, des fruits frais ou une touche de crème.

Pouding au Pain d'Épices Instant Pot

- ❖ Temps de préparation : 15 minutes
- ❖ Temps de cuisson : 25 minutes (sous pression)
- ❖ Portions : 6 portions

Ingrédients :

- 400 g de pain d'épices, coupé en cubes
- 2 œufs
- 240 ml de lait
- 100 g de sucre
- 1 cuillère à café d'extrait de vanille
- 1/2 cuillère à café de cannelle
- 1/4 cuillère à café de gingembre moulu
- 1/4 cuillère à café de muscade
- Une pincée de sel
- 60 g de raisins secs (facultatif)
- 30 g de beurre, fondu

Instructions :

1. Dans un grand bol, mélangez les cubes de pain d'épices et le lait. Laissez reposer pendant 10 minutes pour permettre au pain d'absorber le liquide.
2. Pendant ce temps, battez les œufs dans un autre bol. Ajoutez le sucre, l'extrait de vanille, la cannelle, le gingembre, la muscade et une pincée de sel. Mélangez bien.
3. Ajoutez le mélange d'œufs au pain d'épices imbibé de lait. Ajoutez les raisins secs si vous les utilisez. Mélangez jusqu'à ce que tous les ingrédients soient bien combinés.
4. Graissez légèrement le moule à gâteau compatible avec l'Instant Pot.
5. Versez le mélange de pain d'épices dans le moule.
6. Dans un petit bol, faites fondre le beurre au micro-ondes.
7. Arrosez le beurre fondu sur le dessus du mélange de pain d'épices dans le moule
8. Ajoutez environ 240 à 480 ml d'eau dans la cuve de l'Instant Pot. Placez le support métallique fourni avec l'Instant Pot dans la cuve.
9. Placez le moule à gâteau sur le support métallique.
10. Fermez le couvercle de l'Instant Pot et réglez-le en mode "Cuisson sous pression" pendant 25 minutes.
11. Une fois la cuisson terminée, laissez la pression se libérer naturellement pendant 10 minutes, puis effectuez une libération rapide.
12. Ouvrez le couvercle avec précaution et laissez le pouding au pain d'épices refroidir légèrement avant de le servir.
13. Servez le pouding au pain d'épices chaud, éventuellement accompagné de crème anglaise ou de crème fouettée.

Riz au Lait Instantané

- ❖ Temps de préparation : 5 minutes
- ❖ Temps de cuisson : 12 minutes (sous pression)
- ❖ Portions : 4 portions

Ingrédients :

- 200 g de riz à grain court
- 800 ml de lait entier
- 100 g de sucre
- 1 cuillère à café d'extrait de vanille
- 1 pincée de sel
- 1/2 cuillère à café de cannelle (facultatif)
- Zeste d'une orange (facultatif)
- Cannelle en bâton pour la garniture (facultatif)

Instructions :

1. Rincez le riz à l'eau froide jusqu'à ce que l'eau soit claire.
2. Dans le pot intérieur de l'Instant Pot, combinez le riz, le lait, le sucre, l'extrait de vanille, le sel, la cannelle (si utilisée) et le zeste d'orange (si utilisé).
3. Remuez bien le mélange pour vous assurer que les ingrédients sont bien combinés.
4. Fermez le couvercle de l'Instant Pot et réglez-le en mode "Cuisson sous pression" pendant 12 minutes.
5. Une fois la cuisson terminée, laissez la pression se libérer naturellement pendant 5 minutes, puis effectuez une libération rapide en déplaçant la valve vers la position d'aération.
6. Ouvrez le couvercle avec précaution et remuez le riz au lait.
7. Servez le riz au lait dans des bols individuels. Saupoudrez de cannelle supplémentaire et ajoutez éventuellement un bâton de cannelle comme garniture.
8. Dégustez le riz au lait instantané, que ce soit chaud ou froid.

Patates Douces Farcies au Petit-Déjeuner Instant Pot

- ❖ Temps de préparation : 15 minutes
- ❖ Temps de cuisson : 15 minutes (sous pression)
- ❖ Portions : 4 portions

Ingrédients :

- 4 patates douces de taille moyenne
- 4 œufs
- 100 g d'épinards frais, hachés
- 50 g de fromage râpé (cheddar, feta, ou votre choix)
- 30 g de tomates cerises, coupées en quartiers
- Sel et poivre, selon le goût
- Ciboulette fraîche, hachée (pour la garniture, facultatif)

Instructions :

1. Lavez les patates douces et percez-les plusieurs fois avec une fourchette.
2. Placez les patates douces sur le support métallique fourni avec l'Instant Pot.
3. Ajoutez 240 ml d'eau dans la cuve de l'Instant Pot.
4. Placez le support métallique avec les patates douces dans la cuve.
5. Fermez le couvercle de l'Instant Pot et réglez-le en mode "Cuisson sous pression" pendant 15 minutes.
6. Une fois la cuisson terminée, laissez la pression se libérer naturellement pendant 5 minutes, puis effectuez une libération rapide en déplaçant la valve vers la position d'aération.
7. Pendant que les patates douces cuisent, préparez le mélange de garniture. Dans un bol, battez les œufs et ajoutez les épinards, le fromage, les tomates cerises, le sel et le poivre. Mélangez bien.
8. Préchauffez votre four en mode grill.
9. Coupez les patates douces en deux dans le sens de la longueur et évidez légèrement la chair, en laissant une paroi mince.
10. Remplissez chaque moitié de patate douce avec le mélange d'œufs.
11. Placez les patates douces farcies sous le gril du four pendant 5 à 7 minutes, ou jusqu'à ce que les œufs soient bien cuits et légèrement dorés.
12. Garnissez de ciboulette fraîche si désiré, et servez chaud.

Yaourt Instantané en Pot

- ❖ Temps de préparation : 5 minutes
- ❖ Temps de fermentation : 8 heures
- ❖ Portions : Environ 4 portions de yaourt

Ingrédients :

- 1 litre de lait entier
- 2 cuillères à soupe de yaourt nature non sucré (comme culture initiale)

Matériel :

- Instant Pot avec la fonction yaourt

Instructions :

1. Versez le lait entier dans le pot intérieur de l'Instant Pot.
2. Fermez le couvercle de l'Instant Pot et réglez-le en mode "Yaourt". Assurez-vous que la fonction de pression est désactivée.
3. Chauffez le lait en mode "Yaourt" jusqu'à ce qu'il atteigne environ 180°F (82°C). Cela aide à denaturer les protéines du lait pour obtenir une meilleure texture de yaourt.
4. Laissez le lait refroidir jusqu'à ce qu'il atteigne environ 110°F (43°C). Vous pouvez accélérer le processus de refroidissement en plaçant le pot intérieur dans un bain-marie d'eau froide.
5. Dans un petit bol, mélangez les 2 cuillères à soupe de yaourt nature avec une petite quantité de lait tiède du pot intérieur pour créer une culture.
6. Ajoutez le mélange de culture au lait dans le pot intérieur de l'Instant Pot et remuez doucement.
7. Fermez le couvercle de l'Instant Pot et enveloppez-le de serviettes épaisses pour maintenir une température constante.
8. Laissez fermenter le yaourt pendant environ 8 heures. Vous pouvez ajuster le temps de fermentation pour obtenir la consistance et le goût de yaourt que vous préférez.
9. Une fois la fermentation terminée, réfrigérez le yaourt pendant au moins 4 heures avant de le déguster.
10. Servez le yaourt avec des fruits frais, du miel ou d'autres garnitures de votre choix.

SAUCES ET ASSAISONNEMENTS

Assaisonnement Taco Instantané :

- ❖ Temps de préparation : 5 minutes
- ❖ Temps de cuisson : 5 minutes en mode "Sauté"
- ❖ Portions : Assez pour environ 95 grammes

Ingrédients :

- 1 cuillère à soupe de chili en poudre (environ 8 g)
- 1 cuillère à soupe de cumin moulu (environ 8 g)
- 1 cuillère à café de paprika fumé (environ 2 g)
- 1 cuillère à café d'origan séché (environ 1 g)
- 1/2 cuillère à café de poudre d'ail (environ 1 g)
- 1/2 cuillère à café de sel (environ 2 g)

Instructions :

1. Mélangez tous les ingrédients dans l'Instant Pot.
2. Faites cuire en mode "Sauté" pendant quelques minutes en remuant jusqu'à ce que les épices soient légèrement grillées.

Sauce Alfredo Instantanée

- ❖ Temps de préparation : 5 minutes
- ❖ Temps de cuisson : 10 minutes en mode "Sauté"
- ❖ Portions : Environ 475 millilitres

Ingrédients :

- 240 ml de crème épaisse
- 100 g de parmesan râpé
- 115 g de beurre
- 2 gousses d'ail, émincées
- Sel et poivre au goût
- Noix de muscade râpée (facultatif)

Instructions :

1. Dans l'Instant Pot en mode "Sauté", faites fondre le beurre et ajoutez l'ail jusqu'à ce qu'il soit parfumé.
2. Ajoutez la crème épaisse et le parmesan. Remuez jusqu'à ce que le fromage soit fondu.
3. Assaisonnez avec du sel, du poivre et de la noix de muscade selon votre goût.

Sauce aux Champignons Instant Pot

- ❖ Temps de préparation : 10 minutes
- ❖ Temps de cuisson : 15 minutes (sous pression)
- ❖ Portions : Environ 500 ml

Ingrédients :

- 250 g de champignons, tranchés
- 2 cuillères à soupe de beurre
- 2 gousses d'ail, hachées
- 60 ml de bouillon de légumes
- 250 ml de bouillon de poulet
- 250 ml de crème fraîche
- 2 cuillères à soupe de farine
- Sel et poivre, au goût
- Persil frais, haché (pour la garniture)

Instructions :

1. Sélectionnez le mode "Sauté" sur l'Instant Pot.
2. Faites fondre le beurre dans l'Instant Pot et ajoutez les champignons et l'ail. Faites-les sauter jusqu'à ce qu'ils soient dorés.
3. Saupoudrez de farine sur les champignons et mélangez bien.
4. Versez le bouillon de légumes dans l'Instant Pot pour déglacer le fond.
5. Ajoutez le bouillon de poulet et mélangez bien.
6. Fermez le couvercle de l'Instant Pot et réglez-le en mode "Cuisson sous pression" pendant 15 minutes.
7. Une fois la cuisson terminée, effectuez une libération rapide.
8. Ajoutez la crème fraîche et mélangez bien.
9. Assaisonnez avec du sel et du poivre selon votre goût.
10. Garnissez la sauce aux champignons de persil frais avant de servir.
11. Utilisez cette sauce pour accompagner des viandes grillées ou des pâtes.

Sauce Champignon à l'Ail et au Thym

- ❖ Temps de préparation : 10 minutes
- ❖ Temps de cuisson : 10 minutes sous pression
- ❖ Portions : Environ 250 millilitres

Ingrédients :

- 250 g de champignons, tranchés
- 2 gousses d'ail, émincées
- 200 ml de bouillon de légumes
- 100 ml de crème fraîche
- 1 cuillère à soupe de thym frais
- Sel et poivre au goût

Instructions :

1. Faites revenir les champignons et l'ail en mode "Sauté" jusqu'à ce qu'ils soient dorés.
2. Ajoutez le bouillon de légumes, la crème fraîche et le thym. Cuisez en mode "Cuisson sous pression" pendant 10 minutes.
3. Assaisonnez avec du sel et du poivre selon votre goût.

Sauce Crémeuse au Champignon Instant Pot

- ❖ Temps de préparation : 10 minutes Temps de cuisson : 10 minutes (sous pression) Portions :500 ml

Ingrédients :

- 500 g de champignons, tranchés
- 2 cuillères à soupe de beurre
- 2 gousses d'ail, hachées
- 250 ml de bouillon de poulet
- 250 ml de crème épaisse
- 2 cuillères à soupe de farine
- Sel et poivre, au goût
- Persil frais, haché (pour la garniture)

Instructions :

1. Sélectionnez le mode "Sauté" sur l'Instant Pot et faites fondre le beurre.
2. Ajoutez les champignons et faites-les sauter jusqu'à ce qu'ils soient dorés.
3. Ajoutez l'ail haché et faites sauter pendant une minute.
4. Saupoudrez la farine sur les champignons et remuez bien.
5. Versez le bouillon de poulet dans l'Instant Pot et mélangez.
6. Fermez le couvercle de l'Instant Pot et réglez-le en mode "Cuisson sous pression" pendant 10 minutes.
7. Une fois la cuisson terminée, effectuez une libération rapide.
8. Ajoutez la crème épaisse à la sauce et mélangez bien.
9. Assaisonnez avec du sel et du poivre selon votre goût.
10. Garnissez la sauce crémeuse au champignon de persil frais avant de servir.
11. Utilisez cette sauce pour accompagner des pâtes, du riz ou du poulet.

Sauce Crémeuse à l'Avocat Instant Pot

- ❖ Temps de préparation : 10 minutes Temps de cuisson : 5 minutes (sous pression) Portions : Environ 500 ml

Ingrédients :

- 2 avocats, pelés et dénoyautés
- 125 ml de crème fraîche
- 60 ml de jus de citron
- 2 gousses d'ail, hachées
- 1 cuillère à café de piment rouge broyé (facultatif)
- Sel et poivre, au goût
- Coriandre fraîche, hachée (pour la garniture)

Instructions :

1. Sélectionnez le mode "Sauté" sur l'Instant Pot.
2. Ajoutez les avocats, la crème fraîche, le jus de citron, l'ail et le piment rouge broyé (si utilisé) dans l'Instant Pot.
3. Remuez bien et faites chauffer le mélange.
4. Fermez le couvercle de l'Instant Pot et réglez-le en mode "Cuisson sous pression" pendant 5 minutes.
5. Une fois la cuisson terminée, effectuez une libération rapide.
6. Utilisez un mixeur plongeant pour réduire la sauce en purée lisse.
7. Assaisonnez avec du sel et du poivre selon votre goût.
8. Garnissez la sauce crémeuse à l'avocat de coriandre fraîche avant de servir.
9. Utilisez cette sauce pour accompagner des tacos, des burritos ou des salades.

Sauce au Curry et Lait de Coco Instant Pot

- ❖ Temps de préparation : 10 minutes Temps de cuisson : 10 minutes (sous pression)
- ❖ Portions 500 ml

Ingrédients :

- 1 canette (400 ml) de lait de coco
- 2 cuillères à soupe de pâte de curry rouge
- 1 cuillère à soupe de pâte de curry vert
- 2 cuillères à soupe de sauce soja
- 1 cuillère à soupe de miel
- 1 pouce de gingembre, pelé et haché
- 2 gousses d'ail, hachées
- 1 cuillère à café de coriandre moulue
- Sel et poivre, au goût
- Jus de lime, pour la fraîcheur
- Coriandre fraîche, hachée (pour la garniture)

Instructions :

1. Sélectionnez le mode "Sauté" sur l'Instant Pot.
2. Ajoutez les pâtes de curry rouge et vert et faites-les sauter pendant quelques minutes.
3. Versez le lait de coco dans l'Instant Pot et mélangez bien.
4. Ajoutez la sauce soja, le miel, le gingembre, l'ail, la coriandre moulue, le sel et le poivre. Mélangez bien.
5. Fermez le couvercle de l'Instant Pot et réglez-le en mode "Cuisson sous pression" pendant 10 minutes.
6. Une fois la cuisson terminée, effectuez une libération rapide.
7. Assaisonnez avec du jus de lime selon votre goût.
8. Garnissez la sauce au curry et lait de coco de coriandre fraîche avant de servir.
9. Utilisez cette sauce pour accompagner du poulet, des crevettes ou des légumes.

Sauce Curry au Coco

- ❖ Temps de préparation : 5 minutes Temps de cuisson : 5 minutes sous pression
- ❖ Portions 400 millilitres

Ingrédients :

- 400 ml de lait de coco
- 2 cuillères à soupe de pâte de curry rouge
- 1 cuillère à soupe de sauce soja
- 1 cuillère à soupe de sirop d'érable
- 1 cuillère à café de gingembre frais râpé

Instructions :

- Mélangez tous les ingrédients dans l'Instant Pot.
- Cuisez en mode "Cuisson sous pression" pendant 5 minutes.
- Laissez la pression se relâcher naturellement pendant 5 minutes, puis relâchez le reste de la pression manuellement.

Sauce Curry à la Mangue

- ❖ Temps de préparation : 15 minutes Temps de cuisson : 5 minutes sous pression Portions : Environ 300 millilitres

Ingrédients :
- 1 mangue mûre, pelée et coupée en dés
- 200 ml de lait de coco
- 1 cuillère à soupe de pâte de curry jaune
- 1 cuillère à soupe de miel
- 1 cuillère à soupe de sauce soja

Instructions :
1. Placez tous les ingrédients dans l'Instant Pot.
2. Cuisez en mode "Cuisson sous pression" pendant 5 minutes.
3. Mixez la sauce à l'aide d'un mixeur plongeant jusqu'à obtention d'une consistance crémeuse.

Sauce au Curry Rouge :

Temps de préparation : 10 minutes Temps de cuisson : 10 minutes sous pression Portions : Environ 250 millilitres

Ingrédients :
- 200 ml de lait de coco
- 2 cuillères à soupe de pâte de curry rouge
- 1 cuillère à soupe de sauce soja
- 1 cuillère à soupe de miel
- 1 cuillère à soupe de jus de citron

Instructions :
1. Mélangez tous les ingrédients dans l'Instant Pot.
2. Cuisez en mode "Cuisson sous pression" pendant 10 minutes.

Sauce Barbecue Maison Instant Pot

- ❖ Temps de préparation : 15 minutes Temps de cuisson : 15 minutes (sous pression) Portions 500 ml

Ingrédients :
- 250 ml de ketchup
- 60 ml de vinaigre de cidre
- 2 cuillères à soupe de moutarde de Dijon
- 2 cuillères à soupe de sauce Worcestershire
- 60 ml de miel
- 1 cuillère à café de paprika
- 1 cuillère à café de poudre d'oignon
- 1 cuillère à café de poudre d'ail
- 1/2 cuillère à café de poivre noir
- 1/4 cuillère à café de piment de Cayenne (facultatif)
- Sel, au goût

Instructions :
1. Sélectionnez le mode "Sauté" sur l'Instant Pot.
2. Ajoutez tous les ingrédients dans l'Instant Pot et mélangez bien.
3. Fermez le couvercle de l'Instant Pot et réglez-le en mode "Cuisson sous pression" pendant 15 minutes.
4. Une fois la cuisson terminée, effectuez une libération rapide.
5. Utilisez un mixeur plongeant pour réduire la sauce en purée lisse.
6. Assaisonnez avec du sel selon votre goût.
7. Utilisez cette sauce barbecue maison pour badigeonner des viandes grillées.

Sauce Bolognaise Instant Pot

- ❖ Temps de préparation : 15 minutes
- ❖ Temps de cuisson : 30 minutes (sous pression)
- ❖ Portions : Environ 750 ml

Ingrédients :

- 500 g de viande hachée (porc et bœuf mélangés)
- 1 oignon, haché
- 2 gousses d'ail, émincées
- 1 carotte, râpée
- 1 branche de céleri, hachée
- 800 g de tomates concassées en conserve
- 250 ml de bouillon de légumes
- 2 cuillères à soupe de concentré de tomate
- 1 cuillère à soupe d'huile d'olive
- 1 cuillère à café d'origan séché
- Sel et poivre, au goût
- Feuilles de basilic frais (pour la garniture)
- Parmesan râpé (pour la garniture)

Instructions :

1. Sélectionnez le mode "Sauté" sur l'Instant Pot.
2. Faites chauffer l'huile d'olive et faites revenir l'oignon, l'ail, la carotte et le céleri jusqu'à ce qu'ils soient tendres.
3. Ajoutez la viande hachée et faites-la dorer.
4. Versez le bouillon de légumes dans l'Instant Pot pour déglacer le fond.
5. Ajoutez les tomates concassées, le concentré de tomate, l'origan, le sel et le poivre. Mélangez bien.
6. Fermez le couvercle de l'Instant Pot et réglez-le en mode "Cuisson sous pression" pendant 30 minutes.
7. Une fois la cuisson terminée, ajustez l'assaisonnement selon votre goût.
8. Servez la sauce bolognaise sur des pâtes, garnie de feuilles de basilic frais et de parmesan râpé.

Sauce Béarnaise Express

- ❖ Temps de préparation : 10 minutes Temps de cuisson : 5 minutes sous pression Portions : Environ 200 millilitres

Ingrédients :

- 3 jaunes d'œufs
- 150 g de beurre
- 2 cuillères à soupe d'estragon frais, haché finement
- 2 cuillères à soupe de vinaigre de cidre de pomme
- Sel et poivre au goût

Instructions :

1. Dans l'Instant Pot en mode "Sauté", faites fondre le beurre.
2. Dans un bol, fouettez les jaunes d'œufs et ajoutez-les au beurre fondu en remuant constamment.
3. Ajoutez l'estragon et le vinaigre de cidre de pomme. Cuisez en mode "Cuisson sous pression" pendant 5 minutes. Assaisonnez avec du sel et du poivre.

Sauce au Poivre Vert

- ❖ Temps de préparation : 10 minutes Temps de cuisson : 5 minutes sous pression
- ❖ Portions : Environ 200 millilitres

Ingrédients :

- 2 cuillères à soupe de grains de poivre vert
- 200 ml de crème fraîche
- 1 échalote, hachée
- 1 cuillère à soupe de beurre
- Sel au goût

Instructions :

1. Faites revenir l'échalote dans le beurre en mode "Sauté" jusqu'à ce qu'elle soit tendre.
2. Ajoutez les grains de poivre vert et la crème fraîche. Cuisez en mode "Cuisson sous pression" pendant 5 minutes.
3. Ajoutez du sel selon votre goût.

Sauce au Poivre Noir et Cognac

Temps de préparation : 10 minutes Temps de cuisson : 15 minutes sous pression

Portions : Environ 200 millilitres

Ingrédients :

- 2 cuillères à soupe de grains de poivre noir
- 200 ml de bouillon de bœuf
- 50 ml de cognac
- 100 ml de crème fraîche
- 1 cuillère à soupe de beurre
- Sel au goût

Instructions :

1. Faites revenir les grains de poivre noir dans le beurre en mode "Sauté" jusqu'à ce qu'ils libèrent leur arôme.
2. Ajoutez le bouillon de bœuf et le cognac. Cuisez en mode "Cuisson sous pression" pendant 15 minutes.
3. Ajoutez la crème fraîche et assaisonnez avec du sel selon votre goût.

Sauce au Roquefort :

- ❖ Temps de préparation : 5 minutes Temps de cuisson : 5 minutes sous pression
- ❖ Portions : Environ 150 grammes

Ingrédients :

- 100 g de fromage Roquefort
- 100 ml de crème fraîche
- 1 cuillère à soupe de moutarde de Dijon
- Poivre noir fraîchement moulu au goût

Instructions :

1. Dans l'Instant Pot en mode "Sauté", faites fondre le Roquefort dans la crème fraîche.
2. Ajoutez la moutarde de Dijon et poivrez selon votre goût. Cuisez en mode "Cuisson sous pression" pendant 5 minutes.

Sauce Teriyaki Instant Pot

❖ préparation : 10 minutes Temps de cuisson : 15 minutes (sous pression) Portions 500 ml

Ingrédients :

- 250 ml de sauce soja
- 120 ml de mirin
- 60 ml de sake
- 60 ml de vinaigre de riz
- 100 g de sucre
- 1 cuillère à soupe de fécule de maïs
- 2 cuillères à soupe d'eau
- 2 gousses d'ail, hachées
- 1 cuillère à soupe de gingembre frais, râpé
- 1 cuillère à café d'huile de sésame (facultatif)

Instructions :

1. Sélectionnez le mode "Sauté" sur l'Instant Pot.
2. Dans une petite casserole, mélangez la fécule de maïs avec de l'eau pour former une pâte. Réservez.
3. Dans l'Instant Pot, combinez la sauce soja, le mirin, le sake, le vinaigre de riz, le sucre, l'ail et le gingembre.
4. Ajoutez la pâte de fécule de maïs réservée et mélangez bien.
5. Fermez le couvercle de l'Instant Pot et réglez-le en mode "Cuisson sous pression" pendant 15 minutes.
6. Une fois la cuisson terminée, ajoutez éventuellement de l'huile de sésame et ajustez l'assaisonnement selon votre goût.
7. Utilisez la sauce teriyaki pour napper du poulet, du bœuf ou des légumes.

Sauce à la Tomate Maison

❖ Temps de préparation : 15 minutes
❖ Temps de cuisson : 10 minutes sous pression
❖ Portions : Environ 950 grammes

Ingrédients :

- 1,5 kg de tomates mûres, coupées en morceaux
- 1 oignon, haché
- 2 gousses d'ail, émincées
- 2 cuillères à soupe d'huile d'olive
- 1 cuillère à café de sucre
- Sel et poivre au goût

Instructions :

1. Faites revenir l'oignon et l'ail dans l'Instant Pot avec l'huile d'olive en mode "Sauté" jusqu'à ce qu'ils soient dorés.
2. Ajoutez les tomates, le sucre, le sel et le poivre. Fermez le couvercle et cuisez en mode "Cuisson sous pression" pendant 10 minutes.
3. Mixez la sauce à l'aide d'un mixeur plongeant jusqu'à obtention d'une consistance lisse.

Sauce Tomate Basilic Instant Pot

- ❖ Temps de préparation : 10 minutes
- ❖ Temps de cuisson : 15 minutes (sous pression)
- ❖ Portions : Environ 500 ml

Ingrédients :

- 800 g de tomates concassées en conserve
- 2 cuillères à soupe d'huile d'olive
- 1 oignon, haché
- 2 gousses d'ail, hachées
- 60 ml de bouillon de légumes
- 1 cuillère à café de sucre
- Sel et poivre, au goût
- 25 g de basilic frais, haché

Instructions :

1. Sélectionnez le mode "Sauté" sur l'Instant Pot.
2. Faites chauffer l'huile d'olive et faites revenir l'oignon et l'ail jusqu'à ce qu'ils soient tendres.
3. Ajoutez les tomates concassées, de bouillon de légumes, le sucre, le sel et le poivre. Mélangez bien.
4. Fermez le couvercle de l'Instant Pot et réglez-le en mode "Cuisson sous pression" pendant 15 minutes.
5. Une fois la cuisson terminée, ajustez l'assaisonnement selon votre goût.
6. Ajoutez le basilic frais haché avant de servir.
7. Utilisez cette sauce tomate basilic pour accompagner des pâtes, du riz ou de la viande.

Sauce Tomate aux Olives

- ❖ Temps de préparation : 15 minutes Temps de cuisson : 10 minutes sous pression
- ❖ Portions : Environ 300 millilitres

Ingrédients :

- 500 g de tomates concassées en conserve
- 100 g d'olives vertes, dénoyautées et tranchées
- 1 oignon, haché
- 2 gousses d'ail, émincées
- 2 cuillères à soupe d'huile d'olive
- 1 cuillère à café d'origan séché
- Sel et poivre au goût

Instructions :

1. Faites revenir l'oignon et l'ail dans l'huile d'olive en mode "Sauté" jusqu'à ce qu'ils soient translucides.
2. Ajoutez les tomates concassées, les olives, l'origan, le sel et le poivre. Cuisez en mode "Cuisson sous pression" pendant 10 minutes.

SOUPE

Chaudrée de Maïs Instantanée

- ❖ Temps de préparation : 10 minutes Temps de cuisson : 15 minutes (sous pression)
- ❖ Portions : Environ 6 portions

Ingrédients :

- 1 litre de maïs en grains (fraîchement coupé ou surgelé)
- 1 oignon, haché
- 2 pommes de terre, pelées et coupées en dés
- 1 litre de bouillon de poulet
- 250 ml de lait
- 4 tranches de bacon, cuites et émiettées
- 2 cuillères à soupe de farine
- 2 cuillères à soupe de beurre
- Sel et poivre, au goût
- Ciboulette fraîche (pour garnir)

Instructions :

1. Sélectionnez le mode "Sauté" sur l'Instant Pot et faites fondre le beurre.
2. Ajoutez l'oignon et faites-le sauter jusqu'à ce qu'il soit translucide.
3. Saupoudrez la farine sur les oignons et remuez bien.
4. Ajoutez le maïs, les pommes de terre, le bouillon de poulet, le sel et le poivre. Mélangez bien.
5. Fermez le couvercle de l'Instant Pot et réglez-le en mode "Cuisson sous pression" pendant 15 minutes.
6. Pendant ce temps, chauffez le lait dans une casserole.
7. Une fois la cuisson terminée, laissez la pression se libérer naturellement pendant quelques minutes, puis effectuez une libération rapide.
8. Ajoutez le lait chaud dans l'Instant Pot et remuez bien.

Ragoût Instantané de Haricots Blancs et de Bette à Carde

- ❖ Temps de préparation : 15 minutes Temps de cuisson : 25 minutes (sous pression)
- ❖ Portions : Environ 6 portions

Ingrédients :

- 400 g de haricots blancs secs, trempés pendant la nuit
- 1 botte de bette à carde, feuilles hachées et tiges coupées
- 1 oignon, haché
- 2 carottes, coupées en rondelles
- 3 branches de céleri, coupées en dés
- 4 gousses d'ail, hachées
- 1 boîte (400 g) de tomates concassées
- 1 litre de bouillon de légumes
- 2 cuillères à soupe d'huile d'olive
- 1 cuillère à café de thym séché
- 1 cuillère à café de romarin séché
- Sel et poivre, au goût

Instructions :

1. Sélectionnez le mode "Sauté" sur l'Instant Pot et chauffez l'huile d'olive.
2. Ajoutez l'oignon et l'ail, faites-les sauter jusqu'à ce qu'ils soient translucides.
3. Ajoutez les carottes, le céleri, la bette à carde, les haricots blancs égouttés, les tomates concassées, le bouillon, le thym, le romarin, le sel et le poivre. Mélangez bien.
4. Fermez le couvercle de l'Instant Pot et réglez-le en mode "Cuisson sous pression" pendant 25 minutes.
5. Une fois la cuisson terminée, laissez la pression se libérer naturellement pendant quelques minutes, puis effectuez une libération rapide.
6. Rectifiez l'assaisonnement selon votre goût.

Ramen Instantané

❖ préparation : 10 minutes Temps de cuisson : 10 minutes (sous pression) Portions 4 portions

Ingrédients :

- 4 blocs de nouilles de ramen
- 200 g de champignons shiitake, tranchés
- 150 g de maïs
- 1 carotte, coupée en rondelles
- 1 litre de bouillon de légumes
- 60 ml de sauce soja
- 1 cuillère à soupe de gingembre frais, râpé
- 2 gousses d'ail, émincées
- 2 œufs durs, coupés en deux
- Ciboule, coupée (pour garnir)

Instructions :

1. Sélectionnez le mode "Sauté" sur l'Instant Pot et faites revenir l'ail et le gingembre.
2. Ajoutez les champignons, le maïs, la carotte, le bouillon de légumes et la sauce soja. Mélangez bien.
3. Fermez le couvercle de l'Instant Pot et réglez-le en mode "Cuisson sous pression" pendant 10 minutes.
4. Pendant ce temps, faites cuire les nouilles de ramen selon les instructions sur l'emballage.
5. Une fois la cuisson terminée, laissez la pression se libérer naturellement pendant quelques minutes, puis effectuez une libération rapide.
6. Ajoutez les nouilles de ramen dans l'Instant Pot et mélangez bien.

Tortellini Instantanée

❖ préparation : 10 minutes Temps de cuisson : 10 minutes (sous pression) Portions 4 portions

Ingrédients :

- 1 paquet (250 g) de tortellini au fromage
- 1 oignon, haché
- 2 carottes, coupées en rondelles
- 2 branches de céleri, coupées en dés
- 1 litre de bouillon de poulet
- 200 g de brocoli, coupé en petits bouquets
- 2 cuillères à soupe d'huile d'olive
- 1 cuillère à café d'ail en poudre
- 1 cuillère à café d'origan séché
- Sel et poivre, au goût
- Parmesan râpé (pour garnir)

Instructions :

1. Sélectionnez le mode "Sauté" sur l'Instant Pot et chauffez l'huile d'olive.
2. Ajoutez l'oignon et faites-le sauter jusqu'à ce qu'il soit translucide.
3. Ajoutez les carottes, le céleri, l'ail en poudre, l'origan, le bouillon de poulet, le sel et le poivre. Mélangez bien.
4. Fermez le couvercle de l'Instant Pot et réglez-le en mode "Cuisson sous pression" pendant 5 minutes.
5. Pendant ce temps, faites cuire les tortellinis selon les instructions sur l'emballage.
6. Une fois la cuisson terminée, laissez la pression se libérer naturellement pendant quelques minutes, puis effectuez une libération rapide.
7. Ajoutez les tortellinis cuits et les bouquets de brocoli dans l'Instant Pot, remuez bien.
8. Rectifiez l'assaisonnement selon votre goût.

Soupe aux Légumes Instantanée

❖ préparation : 10 minutes Temps de cuisson : 10 minutes (sous pression) Portions : 4 portions

Ingrédients :

- 2 carottes, coupées en rondelles
- 2 pommes de terre, coupées en cubes
- 1 oignon, haché
- 2 branches de céleri, coupées en dés
- 150 g de haricots verts, coupés en morceaux
- 1 litre de bouillon de légumes
- 1 boîte (400 g) de tomates concassées
- 2 gousses d'ail, émincées
- 1 cuillère à soupe d'huile d'olive
- 1 cuillère à café de thym séché
- Sel et poivre, au goût
- Persil frais (pour garnir)

Instructions :

1. Sélectionnez le mode "Sauté" sur l'Instant Pot et chauffez l'huile d'olive.
2. Ajoutez l'oignon et l'ail, et faites-les sauter jusqu'à ce qu'ils soient tendres.
3. Ajoutez les carottes, les pommes de terre, le céleri, les haricots verts, le thym, le sel et le poivre. Mélangez bien.
4. Ajoutez le bouillon de légumes et les tomates concassées. Mélangez bien.
5. Fermez le couvercle de l'Instant Pot et réglez-le en mode "Cuisson sous pression" pendant 10 minutes.
6. Une fois la cuisson terminée, laissez la pression se libérer naturellement pendant quelques minutes, puis effectuez une libération rapide.
7. Rectifiez l'assaisonnement selon votre goût.

Soupe à l'Oignon Française Instant Pot

❖ préparation : 10 minutes Temps de cuisson : 30 minutes (sous pression) Portions : 4 portions

Ingrédients :

- 4 gros oignons, tranchés
- 3 cuillères à soupe de beurre
- 2 cuillères à soupe d'huile d'olive
- 2 cuillères à soupe de farine
- 1,5 litres de bouillon de bœuf
- 250 ml de jus de raisin rouge
- 1 cuillère à café de thym séché
- Sel et poivre, au goût
- 4 tranches de pain baguette
- 100 g de fromage gruyère râpé

Instructions :

1. Sélectionnez le mode "Sauté" sur l'Instant Pot et faites fondre le beurre avec l'huile d'olive.
2. Ajoutez les oignons tranchés et faites-les sauter jusqu'à ce qu'ils soient dorés.
3. Saupoudrez la farine sur les oignons et remuez bien.
4. Versez le jus de raisin rouge (ou autre boisson non alcoolisée de votre choix) dans l'Instant Pot pour déglacer le fond.
5. Ajoutez le bouillon de bœuf, le thym, le sel et le poivre. Mélangez bien.
6. Fermez le couvercle de l'Instant Pot et réglez-le en mode "Cuisson sous pression" pendant 30 minutes.
7. Pendant ce temps, faites griller les tranches de baguette.
8. Une fois la cuisson terminée, laissez la pression se libérer naturellement pendant quelques minutes, puis effectuez une libération rapide.
9. Préchauffez le gril du four.
10. Répartissez la soupe dans des bols allant au four, placez une tranche de baguette grillée sur chaque bol et saupoudrez de fromage gruyère.
11. Faites gratiner au four jusqu'à ce que le fromage soit fondu et doré.

Soupe de Lasagne Instantanée

❖ préparation : 15 minutes Temps de cuisson : 15 minutes (sous pression) Portions 4 portions

Ingrédients :

- 250 g de viande hachée (bœuf ou dinde)
- 1 oignon, haché
- 2 gousses d'ail, émincées
- 1 boîte (400 g) de tomates concassées
- 500 ml de bouillon de bœuf
- 250 ml de sauce marinara
- 8 feuilles de lasagne, cassées en morceaux
- 250 g de ricotta
- 100 g de fromage mozzarella râpé
- 50 g de parmesan râpé
- Basilic frais (pour garnir)

Instructions :

1. Sélectionnez le mode "Sauté" sur l'Instant Pot et faites revenir la viande hachée jusqu'à ce qu'elle soit bien cuite.
2. Ajoutez l'oignon et l'ail, et faites-les sauter jusqu'à ce qu'ils soient tendres.
3. Ajoutez les tomates concassées, le bouillon de bœuf, la sauce marinara et les morceaux de lasagne. Mélangez bien.
4. Fermez le couvercle de l'Instant Pot et réglez-le en mode "Cuisson sous pression" pendant 15 minutes.
5. Une fois la cuisson terminée, laissez la pression se libérer naturellement pendant quelques minutes, puis effectuez une libération rapide.
6. Ajoutez la ricotta, le fromage mozzarella et le parmesan. Mélangez bien.
7. Rectifiez l'assaisonnement selon votre goût.

Soupe Instantanée à la Courge Musquée

❖ préparation : 15 minutes Temps de cuisson : 10 minutes (sous pression) Portions 4 portions

Ingrédients :

- 1 courge musquée, pelée, épépinée et coupée en cubes
- 1 oignon, haché
- 2 carottes, coupées en rondelles
- 2 pommes de terre, coupées en cubes
- 1 litre de bouillon de légumes
- 250 ml de lait de coco
- 1 cuillère à café de curry en poudre
- 1 cuillère à café de muscade moulue
- Sel et poivre, au goût
- Coriandre fraîche (pour garnir)

Instructions :

1. Sélectionnez le mode "Sauté" sur l'Instant Pot et faites revenir l'oignon jusqu'à ce qu'il soit translucide.
2. Ajoutez la courge musquée, les carottes, les pommes de terre, le curry, la muscade, le sel et le poivre. Mélangez bien.
3. Ajoutez le bouillon de légumes et le lait de coco. Mélangez bien.
4. Fermez le couvercle de l'Instant Pot et réglez-le en mode "Cuisson sous pression" pendant 10 minutes.
5. Une fois la cuisson terminée, laissez la pression se libérer naturellement pendant quelques minutes, puis effectuez une libération rapide.
6. À l'aide d'un mixeur plongeant, réduisez la soupe en purée jusqu'à obtenir une consistance lisse.
7. Rectifiez l'assaisonnement selon votre goût.

Soupe Instantanée à la Citrouille

- ❖ Temps de préparation : 10 minutes Temps de cuisson : 15 minutes (sous pression) Portions 4 portions

Ingrédients :

- 500 g de purée de citrouille
- 1 oignon, haché
- 3 carottes, coupées en rondelles
- 1 pomme de terre, pelée et coupée en dés
- 1 litre de bouillon de légumes
- 2 cuillères à soupe d'huile d'olive
- 1 cuillère à café de curry en poudre
- 1 cuillère à café de cannelle en poudre
- Sel et poivre, au goût
- Crème fraîche (pour garnir)

Instructions :

1. Sélectionnez le mode "Sauté" sur l'Instant Pot et chauffez l'huile d'olive.
2. Ajoutez l'oignon et faites-le sauter jusqu'à ce qu'il soit translucide.
3. Ajoutez les carottes, la pomme de terre, la purée de citrouille, le bouillon de légumes, le curry, la cannelle, le sel et le poivre. Mélangez bien.
4. Fermez le couvercle de l'Instant Pot et réglez-le en mode "Cuisson sous pression" pendant 15 minutes.
5. Une fois la cuisson terminée, laissez la pression se libérer naturellement pendant quelques minutes, puis effectuez une libération rapide.
6. Rectifiez l'assaisonnement selon votre goût.
7. Servez la soupe instantanée à la citrouille chaude, garnie d'une cuillerée de crème fraîche.

Soupe Instantanée à l'Orge et aux Légumes

- ❖ Temps de préparation : 15 minutes Temps de cuisson : 20 minutes (sous pression)
- ❖ Portions : Environ 4 portions

Ingrédients :

- 200 g d'orge perlé
- 1 oignon, haché
- 2 carottes, coupées en rondelles
- 2 branches de céleri, coupées en dés
- 1 litre de bouillon de légumes
- 2 cuillères à soupe d'huile d'olive
- 1 cuillère à café de thym séché
- 1 cuillère à café de romarin séché
- Sel et poivre, au goût
- Persil frais, haché (pour garnir)

Instructions :

1. Sélectionnez le mode "Sauté" sur l'Instant Pot et chauffez l'huile d'olive.
2. Ajoutez l'oignon et faites-le sauter jusqu'à ce qu'il soit translucide.
3. Ajoutez les carottes, le céleri, l'orge perlé, le bouillon de légumes, le thym, le romarin, le sel et le poivre. Mélangez bien.
4. Fermez le couvercle de l'Instant Pot et réglez-le en mode "Cuisson sous pression" pendant 20 minutes.
5. Une fois la cuisson terminée, laissez la pression se libérer naturellement pendant quelques minutes, puis effectuez une libération rapide.
6. Rectifiez l'assaisonnement selon votre goût.
7. Servez la soupe instantanée à l'orge et aux légumes chaude, garnie de persil frais.

Soupe Instantanée aux Asperges

❖ préparation : 10 minutes Temps de cuisson : 15 minutes (sous pression) Portions 4 portions

Ingrédients :

- 1 botte d'asperges, extrémités coupées
- 1 oignon, haché
- 2 pommes de terre, pelées et coupées en dés
- 1 litre de bouillon de légumes
- 2 cuillères à soupe d'huile d'olive
- 250 ml de lait
- 1 cuillère à soupe de fécule de maïs
- Sel et poivre, au goût
- Crème fraîche (pour garnir)

Instructions :

1. Sélectionnez le mode "Sauté" sur l'Instant Pot et chauffez l'huile d'olive.
2. Ajoutez l'oignon et faites-le sauter jusqu'à ce qu'il soit translucide.
3. Ajoutez les asperges, les pommes de terre, le bouillon de légumes, le sel et le poivre. Mélangez bien.
4. Fermez le couvercle de l'Instant Pot et réglez-le en mode "Cuisson sous pression" pendant 15 minutes.
5. Pendant ce temps, mélangez le lait et la fécule de maïs dans un bol.
6. Une fois la cuisson terminée, laissez la pression se libérer naturellement pendant quelques minutes, puis effectuez une libération rapide.
7. Ajoutez le mélange de lait et de fécule de maïs dans l'Instant Pot et remuez bien.
8. Utilisez un mixeur plongeant pour réduire la soupe en purée lisse.
9. Rectifiez l'assaisonnement selon votre goût.
10. Servez la soupe instantanée aux asperges chaude, garnie d'une cuillerée de crème fraîche.

Ragoût Instantané aux Cacahuètes

❖ préparation : 15 minutes Temps de cuisson : 25 minutes (sous pression) Portions 6 portions

Ingrédients :

- 1 kg de boeuf, coupé en cubes
- 150 g de cacahuètes non salées
- 2 oignons, hachés
- 3 carottes, coupées en rondelles
- 3 pommes de terre, coupées en cubes
- 1 litre de bouillon de bœuf
- 1 boîte (400 g) de tomates concassées
- 4 gousses d'ail, émincées
- 2 cuillères à soupe de pâte de curry rouge
- Sel et poivre, au goût
- Coriandre fraîche (pour garnir)

Instructions :

1. Sélectionnez le mode "Sauté" sur l'Instant Pot et faites revenir le boeuf jusqu'à ce qu'il soit bien doré.
2. Ajoutez les oignons et l'ail, et faites-les sauter jusqu'à ce qu'ils soient tendres.
3. Ajoutez les cacahuètes, les carottes, les pommes de terre, le bouillon de bœuf, les tomates concassées, la pâte de curry rouge, le sel et le poivre. Mélangez bien.
4. Fermez le couvercle de l'Instant Pot et réglez-le en mode "Cuisson sous pression" pendant 25 minutes.
5. Une fois la cuisson terminée, laissez la pression se libérer naturellement pendant quelques minutes, puis effectuez une libération rapide.
6. Rectifiez l'assaisonnement selon votre goût.

Soupe Instantanée au Chou-Fleur

- ❖ préparation : 10 minutes Temps de cuisson : 10 minutes (sous pression) Portions 4 portions

Ingrédients :

- 1 chou-fleur, coupé en fleurettes
- 1 oignon, haché
- 2 pommes de terre, coupées en cubes
- 1 litre de bouillon de légumes
- 250 ml de lait
- 2 cuillères à soupe d'huile d'olive
- 1 cuillère à café de curcuma en poudre
- Sel et poivre, au goût
- Persil frais (pour garnir)

Instructions :

1. Sélectionnez le mode "Sauté" sur l'Instant Pot et chauffez l'huile d'olive.
2. Ajoutez l'oignon et faites-le sauter jusqu'à ce qu'il soit translucide.
3. Ajoutez le chou-fleur, les pommes de terre, le bouillon de légumes, le lait, le curcuma, le sel et le poivre. Mélangez bien.
4. Fermez le couvercle de l'Instant Pot et réglez-le en mode "Cuisson sous pression" pendant 10 minutes.
5. Une fois la cuisson terminée, laissez la pression se libérer naturellement pendant quelques minutes, puis effectuez une libération rapide.
6. À l'aide d'un mixeur plongeant, réduisez la soupe en purée jusqu'à obtenir une consistance lisse.
7. Rectifiez l'assaisonnement selon votre goût.
8. Servez la soupe au chou-fleur chaude, garnie de persil frais.

Soupe Instantanée au Chou

- ❖ Temps de préparation : 10 minutes Temps de cuisson : 15 minutes (sous pression)
- ❖ Portions : Environ 6 portions

Ingrédients :

- 1/2 chou vert, émincé
- 1 oignon, haché
- 3 pommes de terre, coupées en cubes
- 1 litre de bouillon de légumes
- 2 saucisses de Francfort, tranchées
- 2 cuillères à soupe d'huile d'olive
- 1 cuillère à café de cumin moulu
- 1 cuillère à café de paprika
- Sel et poivre, au goût
- Persil frais (pour garnir)

Instructions :

1. Sélectionnez le mode "Sauté" sur l'Instant Pot et chauffez l'huile d'olive.
2. Ajoutez l'oignon et faites-le sauter jusqu'à ce qu'il soit translucide.
3. Ajoutez les saucisses de Francfort et faites-les dorer légèrement.
4. Ajoutez le chou, les pommes de terre, le cumin, le paprika, le sel et le poivre. Mélangez bien.
5. Ajoutez le bouillon de légumes. Mélangez bien.
6. Fermez le couvercle de l'Instant Pot et réglez-le en mode "Cuisson sous pression" pendant 15 minutes.
7. Une fois la cuisson terminée, laissez la pression se libérer naturellement pendant quelques minutes, puis effectuez une libération rapide.
8. Rectifiez l'assaisonnement selon votre goût.
9. Servez la soupe au chou chaude, garnie de persil frais.

Soupe Instantanée au Brocoli et au Cheddar

❖ préparation : 10 minutes Temps de cuisson : 10 minutes (sous pression) Portions 4 portions

Ingrédients :

- 1 brocoli, coupé en petits bouquets
- 1 oignon, haché
- 2 carottes, coupées en rondelles
- 750 ml de bouillon de poulet
- 250 ml de lait
- 200 g de cheddar râpé
- 2 cuillères à soupe de farine
- 2 cuillères à soupe de beurre
- Sel et poivre, au goût
- Noix de muscade (facultatif)
- Ciboulette fraîche (pour garnir)

Instructions :

1. Sélectionnez le mode "Sauté" sur l'Instant Pot et faites fondre le beurre.
2. Ajoutez l'oignon et faites-le sauter jusqu'à ce qu'il soit translucide.
3. Saupoudrez la farine sur les oignons et remuez bien.
4. Ajoutez le bouillon de poulet, le lait, le brocoli, les carottes, le sel et le poivre. Mélangez bien.
5. Fermez le couvercle de l'Instant Pot et réglez-le en mode "Cuisson sous pression" pendant 10 minutes.
6. Pendant ce temps, râpez le cheddar.
7. Une fois la cuisson terminée, laissez la pression se libérer naturellement pendant quelques minutes, puis effectuez une libération rapide.
8. Ajoutez le cheddar râpé dans l'Instant Pot et remuez bien jusqu'à ce qu'il soit fondu.
9. Rectifiez l'assaisonnement selon votre goût. Ajoutez de la noix de muscade si désiré.
10. Servez la soupe au brocoli et au cheddar chaud, garnie de ciboulette fraîche.

Soupe Instantanée aux Épinards

❖ préparation : 10 minutes Temps de cuisson : 10 minutes (sous pression) Portions 4 portions

Ingrédients :

- 120 g d'épinards frais
- 1 oignon, haché
- 2 pommes de terre, coupées en cubes
- 750 ml de bouillon de légumes
- 2 cuillères à soupe d'huile d'olive
- 250 ml de lait
- Noix de muscade (pour assaisonner)
- Sel et poivre, au goût
- Crème fraîche (pour garnir)

Instructions :

1. Sélectionnez le mode "Sauté" sur l'Instant Pot et chauffez l'huile d'olive.
2. Ajoutez l'oignon et faites-le sauter jusqu'à ce qu'il soit translucide.
3. Ajoutez les pommes de terre, les épinards, le bouillon de légumes, le lait, la noix de muscade, le sel et le poivre. Mélangez bien.
4. Fermez le couvercle de l'Instant Pot et réglez-le en mode "Cuisson sous pression" pendant 10 minutes.
5. Une fois la cuisson terminée, laissez la pression se libérer naturellement pendant quelques minutes, puis effectuez une libération rapide.
6. Rectifiez l'assaisonnement selon votre goût.
7. Servez la soupe aux épinards chaude, garnie de crème fraîche.

Soupe Instantanée aux Carottes

- ❖ Temps de préparation : 10 minutes Temps de cuisson : 10 minutes (sous pression) Portions 4 portions

Ingrédients :

- 6 carottes, coupées en rondelles
- 1 oignon, haché
- 2 pommes de terre, coupées en cubes
- 1 litre de bouillon de légumes
- 2 cuillères à soupe d'huile d'olive
- 1 cuillère à café de cumin moulu
- 1 cuillère à café de coriandre moulue
- Sel et poivre, au goût
- Crème fraîche (pour garnir)
- Ciboulette fraîche (pour garnir)

Instructions :

1. Sélectionnez le mode "Sauté" sur l'Instant Pot et chauffez l'huile d'olive.
2. Ajoutez l'oignon et faites-le sauter jusqu'à ce qu'il soit translucide.
3. Ajoutez les carottes, les pommes de terre, le cumin, la coriandre, le sel et le poivre. Mélangez bien.
4. Ajoutez le bouillon de légumes. Mélangez bien.
5. Fermez le couvercle de l'Instant Pot et réglez-le en mode "Cuisson sous pression" pendant 10 minutes.
6. Une fois la cuisson terminée, laissez la pression se libérer naturellement pendant quelques minutes, puis effectuez une libération rapide.
7. À l'aide d'un mixeur plongeant, réduisez la soupe en purée jusqu'à obtenir une consistance lisse.
8. Rectifiez l'assaisonnement selon votre goût.
9. Servez la soupe aux carottes chaude, garnie de crème fraîche et de ciboulette fraîche.

Soupe Instantanée aux Champignons

- ❖ Temps de préparation : 10 minutes Temps de cuisson : 15 minutes (sous pression) Portions 4 portions

Ingrédients :

- 500 g de champignons, tranchés
- 1 oignon, haché
- 3 gousses d'ail, émincées
- 1 litre de bouillon de champignons
- 250 ml de lait
- 2 cuillères à soupe de farine
- 2 cuillères à soupe de beurre
- Thym frais (pour garnir)
- Sel et poivre, au goût

Instructions :

1. Sélectionnez le mode "Sauté" sur l'Instant Pot et faites fondre le beurre.
2. Ajoutez l'oignon et faites-le sauter jusqu'à ce qu'il soit translucide.
3. Ajoutez l'ail et les champignons, et faites-les sauter jusqu'à ce qu'ils soient dorés.
4. Saupoudrez la farine sur les champignons et mélangez bien.
5. Versez le bouillon de champignons et le lait dans l'Instant Pot. Mélangez bien.
6. Fermez le couvercle de l'Instant Pot et réglez-le en mode "Cuisson sous pression" pendant 15 minutes.
7. Une fois la cuisson terminée, laissez la pression se libérer naturellement pendant quelques minutes, puis effectuez une libération rapide.
8. Rectifiez l'assaisonnement selon votre goût.
9. Servez la soupe aux champignons chaude, garnie de thym frais.

Soupe Instantanée aux Haricots Blancs et au Chou Frisé

❖ préparation : 15 minutes Temps de cuisson : 20 minutes (sous pression) Portions 6 portions

Ingrédients :

- 400 g de haricots blancs secs, trempés pendant la nuit
- 1 botte de chou frisé, feuilles hachées
- 1 oignon, haché
- 3 carottes, coupées en rondelles
- 3 branches de céleri, coupées en dés
- 4 gousses d'ail, hachées
- 1 litre de bouillon de légumes
- 2 cuillères à soupe d'huile d'olive
- 1 cuillère à café de thym séché
- 1 cuillère à café de romarin séché
- Sel et poivre, au goût

Instructions :

1. Sélectionnez le mode "Sauté" sur l'Instant Pot et chauffez l'huile d'olive.
2. Ajoutez l'oignon et l'ail, faites-les sauter jusqu'à ce qu'ils soient translucides.
3. Ajoutez les carottes, le céleri, le chou frisé, les haricots blancs égouttés, le bouillon, le thym, le romarin, le sel et le poivre. Mélangez bien.
4. Fermez le couvercle de l'Instant Pot et réglez-le en mode "Cuisson sous pression" pendant 20 minutes.
5. Une fois la cuisson terminée, laissez la pression se libérer naturellement pendant quelques minutes, puis effectuez une libération rapide.
6. Rectifiez l'assaisonnement selon votre goût.
7. Servez la soupe instantanée aux haricots blancs et au chou frisé chaude, accompagnée de croûtons.

Soupe Instantanée aux Haricots Noirs

❖ préparation : 15 minutes Temps de cuisson : 20 minutes (sous pression) Portions 6 portions

Ingrédients :

- 2 boîtes (800 g) de haricots noirs, égouttés et rincés
- 1 oignon, haché
- 3 poivrons rouges, coupés en dés
- 2 branches de céleri, coupées en dés
- 1 litre de bouillon de légumes
- 2 cuillères à soupe d'huile d'olive
- 2 cuillères à café de cumin moulu
- 1 cuillère à café de coriandre moulue
- 1 cuillère à café de paprika fumé
- Sel et poivre, au goût
- Avocat tranché (pour garnir)
- Coriandre fraîche (pour garnir)

Instructions :

1. Sélectionnez le mode "Sauté" sur l'Instant Pot et chauffez l'huile d'olive.
2. Ajoutez l'oignon et faites-le sauter jusqu'à ce qu'il soit translucide.
3. Ajoutez les poivrons, le céleri, le cumin, la coriandre, le paprika, le sel et le poivre. Mélangez bien.
4. Ajoutez les haricots noirs et le bouillon de légumes. Mélangez bien.
5. Fermez le couvercle de l'Instant Pot et réglez-le en mode "Cuisson sous pression" pendant 20 minutes.
6. Une fois la cuisson terminée, laissez la pression se libérer naturellement pendant quelques minutes, puis effectuez une libération rapide.
7. Rectifiez l'assaisonnement selon votre goût.

Soupe Instantanée aux Lentilles

❖ préparation : 10 minutes Temps de cuisson : 15 minutes (sous pression) Portions 4 portions

Ingrédients :

- 200 g de lentilles, rincées
- 1 oignon, haché
- 2 carottes, coupées en rondelles
- 2 branches de céleri, coupées en dés
- 3 gousses d'ail, émincées
- 1 litre de bouillon de légumes
- 1 boîte (400 g) de tomates concassées
- 1 cuillère à café de cumin moulu
- 1 cuillère à café de coriandre moulue
- 1 feuille de laurier
- Sel et poivre, au goût
- Persil frais (pour garnir)

Instructions :

1. Sélectionnez le mode "Sauté" sur l'Instant Pot et faites revenir l'oignon et l'ail jusqu'à ce qu'ils soient tendres.
2. Ajoutez les lentilles, les carottes, le céleri, le cumin, la coriandre, le laurier, le sel et le poivre. Mélangez bien.
3. Ajoutez le bouillon de légumes et les tomates concassées. Mélangez bien.
4. Fermez le couvercle de l'Instant Pot et réglez-le en mode "Cuisson sous pression" pendant 15 minutes.
5. Une fois la cuisson terminée, laissez la pression se libérer naturellement pendant quelques minutes, puis effectuez une libération rapide.
6. Retirez la feuille de laurier et rectifiez l'assaisonnement selon votre goût.
7. Servez la soupe aux lentilles chaude, garnie de persil frais.

Soupe de Pommes de Terre Instantanée

❖ préparation : 15 minutes Temps de cuisson : 15 minutes (sous pression) Portions 6 portions

Ingrédients :

- 6 pommes de terre, pelées et coupées en cubes
- 1 oignon, haché
- 3 gousses d'ail, émincées
- 1 litre de bouillon de poulet
- 250 ml de lait
- 120 ml de crème épaisse
- 100 g de fromage cheddar râpé
- 2 cuillères à soupe de beurre
- Sel et poivre, au goût
- Ciboulette fraîche (pour garnir)

Instructions :

1. Sélectionnez le mode "Sauté" sur l'Instant Pot et faites fondre le beurre.
2. Ajoutez l'oignon et l'ail, et faites-les sauter jusqu'à ce qu'ils soient tendres.
3. Ajoutez les pommes de terre, le bouillon de poulet, le lait et la crème épaisse. Mélangez bien.
4. Fermez le couvercle de l'Instant Pot et réglez-le en mode "Cuisson sous pression" pendant 15 minutes.
5. Une fois la cuisson terminée, laissez la pression se libérer naturellement pendant quelques minutes, puis effectuez une libération rapide.
6. Ajoutez le fromage râpé et remuez jusqu'à ce qu'il soit fondu.
7. Rectifiez l'assaisonnement selon votre goût.
8. Servez la soupe de pommes de terre chaude, garnie aux ciboulette fraîche.

Soupe Instant Pot Pâtes et Fagioli

❖ préparation : 15 minutes Temps de cuisson : 15 minutes (sous pression) Portions 6 portions

Ingrédients :

1. 200 g de pâtes (au choix)
2. 400 g de haricots rouges, égouttés et rincés
3. 1 boîte (400 g) de haricots blancs, égouttés et rincés
4. 1 oignon, haché
5. 2 carottes, coupées en rondelles
6. 2 branches de céleri, coupées en dés
7. 3 gousses d'ail, émincées
8. 1 litre de bouillon de poulet
9. 1 boîte (400 g) de tomates concassées
10. 2 cuillères à soupe d'huile d'olive
11. 1 cuillère à soupe de basilic séché
12. 1 cuillère à soupe d'origan séché
13. Sel et poivre, au goût
14. Parmesan râpé (pour garnir)

Instructions :

1. Sélectionnez le mode "Sauté" sur l'Instant Pot et chauffez l'huile d'olive.
2. Ajoutez l'oignon et l'ail, et faites-les sauter jusqu'à ce qu'ils soient tendres.
3. Ajoutez les carottes, le céleri, les haricots rouges, les haricots blancs, le bouillon de poulet, les tomates concassées, le basilic, l'origan, le sel et le poivre. Mélangez bien.
4. Fermez le couvercle de l'Instant Pot et réglez-le en mode "Cuisson sous pression" pendant 15 minutes.
5. Pendant ce temps, faites cuire les pâtes selon les instructions sur l'emballage.
6. Une fois la cuisson terminée, laissez la pression se libérer naturellement pendant quelques minutes, puis effectuez une libération rapide.
7. Ajoutez les pâtes cuites dans l'Instant Pot et remuez bien.
8. Rectifiez l'assaisonnement selon votre goût.

Soupe Instantanée aux Patates Douces

❖ préparation : 15 minutes Temps de cuisson : 20 minutes (sous pression) Portions 4 portions

Ingrédients :

- 2 patates douces, pelées et coupées en dés
- 1 oignon, haché
- 2 carottes, coupées en rondelles
- 2 branches de céleri, coupées en dés
- 1 litre de bouillon de légumes
- 2 cuillères à soupe d'huile d'olive
- 1 cuillère à café de cumin moulu
- 1 cuillère à café de paprika doux
- 1 cuillère à café de coriandre moulue
- Sel et poivre, au goût
- Crème de coco (pour garnir)

Instructions :

1. Sélectionnez le mode "Sauté" sur l'Instant Pot et chauffez l'huile d'olive.
2. Ajoutez l'oignon et faites-le sauter jusqu'à ce qu'il soit translucide.
3. Ajoutez les patates douces, les carottes, le céleri, le bouillon de légumes, le cumin, le paprika, la coriandre, le sel et le poivre. Mélangez bien.
4. Fermez le couvercle de l'Instant Pot et réglez-le en mode "Cuisson sous pression" pendant 20 minutes.
5. Une fois la cuisson terminée, laissez la pression se libérer naturellement pendant quelques minutes, puis effectuez une libération rapide.
6. Rectifiez l'assaisonnement selon votre goût.

Soupe Instantanée aux Pois Chiches

- ❖ Temps de préparation : 10 minutes Temps de cuisson : 20 minutes (sous pression) Portions 4 portions

Ingrédients :

- 2 boîtes (800 g) de pois chiches, égouttés et rincés
- 1 oignon, haché
- 3 carottes, coupées en rondelles
- 2 branches de céleri, coupées en dés
- 1 litre de bouillon de légumes
- 2 cuillères à soupe d'huile d'olive
- 2 cuillères à café de cumin moulu
- 1 cuillère à café de coriandre moulue
- 1/2 cuillère à café de paprika fumé
- Sel et poivre, au goût
- Jus de citron (pour garnir)

Instructions :

1. Sélectionnez le mode "Sauté" sur l'Instant Pot et chauffez l'huile d'olive.
2. Ajoutez l'oignon et faites-le sauter jusqu'à ce qu'il soit translucide.
3. Ajoutez les carottes, le céleri, les pois chiches, le bouillon de légumes, le cumin, la coriandre, le paprika, le sel et le poivre. Mélangez bien.
4. Fermez le couvercle de l'Instant Pot et réglez-le en mode "Cuisson sous pression" pendant 20 minutes.
5. Une fois la cuisson terminée, laissez la pression se libérer naturellement pendant quelques minutes, puis effectuez une libération rapide.
6. Rectifiez l'assaisonnement selon votre goût.
7. Servez la soupe instantanée aux pois chiches chaude, garnie d'un filet de jus de citron.

Soupe Instantanée au Riz Sauvage

- ❖ Temps de préparation : 10 minutes Temps de cuisson : 25 minutes (sous pression)
- ❖ Portions : Environ 4 portions

Ingrédients :

- 200 g de riz sauvage
- 1 oignon, haché
- 2 carottes, coupées en rondelles
- 2 branches de céleri, coupées en dés
- 1 litre de bouillon de poulet
- 2 cuillères à soupe d'huile d'olive
- 1 cuillère à café de thym séché
- 1 cuillère à café de romarin séché
- Sel et poivre, au goût
- Persil frais, haché (pour garnir)

Instructions :

1. Sélectionnez le mode "Sauté" sur l'Instant Pot et chauffez l'huile d'olive.
2. Ajoutez l'oignon et faites-le sauter jusqu'à ce qu'il soit translucide.
3. Ajoutez les carottes, le céleri, le riz sauvage, le bouillon de poulet, le thym, le romarin, le sel et le poivre. Mélangez bien.
4. Fermez le couvercle de l'Instant Pot et réglez-le en mode "Cuisson sous pression" pendant 25 minutes.
5. Une fois la cuisson terminée, laissez la pression se libérer naturellement pendant quelques minutes, puis effectuez une libération rapide.
6. Rectifiez l'assaisonnement selon votre goût.
7. Servez la soupe instantanée au riz sauvage chaude, garnie de persil frais.

Soupe Instantanée aux Raviolis en Pot

❖ préparation : 10 minutes Temps de cuisson : 10 minutes (sous pression) Portions 4 portions

Ingrédients :

- 1 paquet (250 g) de raviolis (au choix)
- 1 oignon, haché
- 2 carottes, coupées en rondelles
- 2 branches de céleri, coupées en dés
- 1 litre de bouillon de légumes
- 250 ml de purée de tomates
- 2 cuillères à soupe d'huile d'olive
- 1 cuillère à café de basilic séché
- 1 cuillère à café d'origan séché
- Sel et poivre, au goût
- Parmesan râpé (pour garnir)

Instructions :

1. Sélectionnez le mode "Sauté" sur l'Instant Pot et chauffez l'huile d'olive.
2. Ajoutez l'oignon et faites-le sauter jusqu'à ce qu'il soit translucide.
3. Ajoutez les carottes, le céleri, le bouillon de légumes, la purée de tomates, le basilic, l'origan, le sel et le poivre. Mélangez bien.
4. Fermez le couvercle de l'Instant Pot et réglez-le en mode "Cuisson sous pression" pendant 5 minutes.
5. Pendant ce temps, faites cuire les raviolis selon les instructions sur l'emballage.
6. Une fois la cuisson terminée, laissez la pression se libérer naturellement pendant quelques minutes, puis effectuez une libération rapide.
7. Ajoutez les raviolis cuits dans l'Instant Pot, remuez bien.
8. Rectifiez l'assaisonnement selon votre goût.

Soupe Instantanée aux Tacos

❖ préparation : 15 minutes Temps de cuisson : 15 minutes (sous pression) Portions 4 portions

Ingrédients :

- 500 g de poulet haché
- 1 oignon, haché
- 2 poivrons, coupés en dés
- 750 ml de bouillon de poulet
- 1 boîte (400 g) de haricots noirs, égouttés et rincés
- 1 boîte (400 g) de maïs, égoutté
- 1 boîte (400 g) de tomates concassées
- 1 paquet d'assaisonnement pour tacos
- Sel et poivre, au goût
- Avocat tranché (pour garnir)
- Fromage râpé (pour garnir)
- Coriandre fraîche (pour garnir)

Instructions :

1. Sélectionnez le mode "Sauté" sur l'Instant Pot et faites revenir le poulet haché jusqu'à ce qu'il soit bien cuit.
2. Ajoutez l'oignon et les poivrons, et faites-les sauter jusqu'à ce qu'ils soient tendres.
3. Ajoutez le bouillon de poulet, les haricots noirs, le maïs, les tomates concassées, l'assaisonnement pour tacos, le sel et le poivre. Mélangez bien.
4. Fermez le couvercle de l'Instant Pot et réglez-le en mode "Cuisson sous pression" pendant 15 minutes.
5. Une fois la cuisson terminée, laissez la pression se libérer naturellement pendant quelques minutes, puis effectuez une libération rapide.
6. Rectifiez l'assaisonnement selon votre goût.

Soupe Instantanée aux Tomates en Pot

- ❖ Temps de préparation : 10 minutes
- ❖ Temps de cuisson : 10 minutes (sous pression)
- ❖ Portions : Environ 4 portions

Ingrédients :

- 1 boîte (800 g) de tomates concassées
- 1 oignon, haché
- 2 carottes, coupées en rondelles
- 2 branches de céleri, coupées en dés
- 750 ml de bouillon de légumes
- 2 cuillères à soupe d'huile d'olive
- 2 cuillères à soupe de concentré de tomate
- 1 cuillère à café de sucre
- 1 cuillère à café de basilic séché
- Sel et poivre, au goût
- Crème fraîche (pour garnir)
- Basilic frais (pour garnir)

Instructions :

1. Sélectionnez le mode "Sauté" sur l'Instant Pot et chauffez l'huile d'olive.
2. Ajoutez l'oignon et faites-le sauter jusqu'à ce qu'il soit translucide.
3. Ajoutez les carottes, le céleri, le concentré de tomate, le sucre, le basilic, le sel et le poivre. Mélangez bien.
4. Ajoutez les tomates concassées et le bouillon de légumes. Mélangez bien.
5. Fermez le couvercle de l'Instant Pot et réglez-le en mode "Cuisson sous pression" pendant 10 minutes.
6. Une fois la cuisson terminée, laissez la pression se libérer naturellement pendant quelques minutes, puis effectuez une libération rapide.
7. Rectifiez l'assaisonnement selon votre goût.
8. Servez la soupe aux tomates chaude, garnie de crème fraîche et de basilic frais.

Soupe Minestrone Instantanée

- ❖ Temps de préparation : 15 minutes
- ❖ Temps de cuisson : 10 minutes (sous pression)
- ❖ Portions : Environ 6 portions

Ingrédients :

- 1 oignon, haché
- 2 carottes, coupées en rondelles
- 2 branches de céleri, coupées en dés
- 2 gousses d'ail, émincées
- 1 boîte (400 g) de haricots blancs, égouttés et rincés
- 200 g de haricots verts, coupés en morceaux
- 100 g de petits pois
- 1 boîte (400 g) de tomates concassées
- 2 litres de bouillon de légumes
- 200 g de pâtes courtes (coquillettes, ditalini, etc.)
- 1 cuillère à soupe d'huile d'olive
- 1 cuillère à café d'origan séché
- 1 cuillère à café de thym séché
- 1 feuille de laurier
- Sel et poivre, au goût
- Parmesan râpé (pour garnir)
- Basilic frais (pour garnir)

Instructions :

1. Sélectionnez le mode "Sauté" sur l'Instant Pot et chauffez l'huile d'olive.
2. Ajoutez l'oignon, l'ail, les carottes et le céleri. Faites-les sauter jusqu'à ce qu'ils soient tendres.
3. Ajoutez les haricots blancs, les haricots verts, les petits pois, les tomates concassées, le bouillon de légumes, l'origan, le thym, la feuille de laurier, le sel et le poivre. Mélangez bien.
4. Fermez le couvercle de l'Instant Pot et réglez-le en mode "Cuisson sous pression" pendant 10 minutes.
5. Pendant ce temps, faites cuire les pâtes selon les instructions sur l'emballage.
6. Une fois la cuisson terminée, laissez la pression se libérer naturellement pendant quelques minutes, puis effectuez une libération rapide.
7. Retirez la feuille de laurier et ajustez l'assaisonnement selon votre goût.
8. Ajoutez les pâtes cuites dans l'Instant Pot et remuez bien.
9. Servez la soupe minestrone instantanée chaud, garnie de parmesan râpé et de basilic frais.

Pot Instantané Zuppa Toscana

- ❖ Temps de préparation : 15 minutes
- ❖ Temps de cuisson : 15 minutes (sous pression)
- ❖ Portions : Environ 6 portions

Ingrédients :

- 450 g de saucisses italiennes, coupées en tranches
- 1 oignon, haché
- 3 gousses d'ail, émincées
- 6 pommes de terre, coupées en cubes
- 1 litre de bouillon de poulet
- 125 ml de crème épaisse
- 120 g de kale, haché
- Sel et poivre, au goût
- Flocons de piment rouge (facultatif)

Instructions :

1. Sélectionnez le mode "Sauté" sur l'Instant Pot et faites revenir les saucisses jusqu'à ce qu'elles soient bien cuites.
2. Ajoutez l'oignon et l'ail, et faites-les sauter jusqu'à ce qu'ils soient tendres.
3. Ajoutez les pommes de terre, le bouillon de poulet, le sel et le poivre. Mélangez bien.
4. Fermez le couvercle de l'Instant Pot et réglez-le en mode "Cuisson sous pression" pendant 15 minutes.
5. Une fois la cuisson terminée, laissez la pression se libérer naturellement pendant quelques minutes, puis effectuez une libération rapide.
6. Ajoutez la crème épaisse et le kale dans l'Instant Pot. Mélangez bien.
7. Rectifiez l'assaisonnement selon votre goût. Ajoutez des flocons de piment rouge si désiré.
8. Servez la Zuppa Toscana chaude.

RAGOÛT DE RATATOUILLE

Ragoût de Ratatouille Classique

❖ préparation : 15 minutes Temps de cuisson : 20 minutes (sous pression) Portions 6 portions

Ingrédients :

- 1 aubergine, coupée en cubes
- 2 courgettes, coupées en rondelles
- 1 poivron rouge, coupé en dés
- 1 poivron jaune, coupé en dés
- 1 oignon, haché
- 3 gousses d'ail, hachées
- 2 tomates, coupées en dés
- 1 boîte (400 g) de tomates concassées
- 2 cuillères à soupe de concentré de tomate
- 1 cuillère à soupe d'huile d'olive
- 1 cuillère à café d'herbes de Provence
- Sel et poivre, au goût
- Basilic frais (pour garnir)

Instructions :

1. Sélectionnez le mode "Sauté" sur l'Instant Pot et faites chauffer l'huile d'olive.
2. Faites revenir l'oignon et l'ail jusqu'à ce qu'ils soient dorés.
3. Ajoutez les poivrons, l'aubergine et les courgettes. Faites-les sauter pendant quelques minutes.
4. Ajoutez les tomates, les tomates concassées, le concentré de tomate, les herbes de Provence, le sel et le poivre. Mélangez bien.
5. Fermez le couvercle de l'Instant Pot et réglez-le en mode "Cuisson sous pression" pendant 20 minutes.
6. Une fois la cuisson terminée, effectuez une libération rapide.
7. Garnissez le ragoût de ratatouille de basilic frais avant de servir.

Ragoût de Ratatouille au Pesto

❖ préparation : 20 minutes Temps de cuisson : 25 minutes (sous pression) Portions 6 portions

Ingrédients :

- 1 aubergine, coupée en cubes
- 2 courgettes, coupées en rondelles
- 1 poivron rouge, coupé en dés
- 1 poivron jaune, coupé en dés
- 1 oignon, haché
- 3 gousses d'ail, hachées
- 2 tomates, coupées en dés
- 1 boîte (400 g) de tomates concassées
- 2 cuillères à soupe de pesto
- 1 cuillère à soupe d'huile d'olive
- 1 cuillère à café d'herbes de Provence
- Sel et poivre, au goût
- Parmesan râpé (pour garnir)

Instructions :

1. Sélectionnez le mode "Sauté" sur l'Instant Pot et faites chauffer l'huile d'olive.
2. Faites revenir l'oignon et l'ail jusqu'à ce qu'ils soient dorés.
3. Ajoutez les poivrons, l'aubergine et les courgettes. Faites-les sauter pendant quelques minutes.
4. Ajoutez les tomates, les tomates concassées, le pesto, les herbes de Provence, le sel et le poivre. Mélangez bien.
5. Fermez le couvercle de l'Instant Pot et réglez-le en mode "Cuisson sous pression" pendant 25 minutes.
6. Une fois la cuisson terminée, effectuez une libération rapide.
7. Garnissez le ragoût de ratatouille au pesto de parmesan râpé avant de servir.

Ragoût de Ratatouille aux Haricots Blancs

❖ préparation : 15 minutes Temps de cuisson : 22 minutes (sous pression) Environ 6 portions

Ingrédients :

- 1 aubergine, coupée en cubes
- 2 courgettes, coupées en rondelles
- 1 poivron rouge, coupé en dés
- 1 poivron jaune, coupé en dés
- 1 oignon, haché
- 3 gousses d'ail, hachées
- 2 tomates, coupées en dés
- 1 boîte (400 g) de tomates concassées
- 1 boîte (400 g) de haricots blancs, égouttés
- 1 cuillère à soupe d'huile d'olive
- 1 cuillère à café d'herbes de Provence
- Sel et poivre, au goût
- Persil frais (pour garnir)

Instructions :

1. Sélectionnez le mode "Sauté" sur l'Instant Pot et faites chauffer l'huile d'olive.
2. Faites revenir l'oignon et l'ail jusqu'à ce qu'ils soient dorés.
3. Ajoutez les poivrons, l'aubergine et les courgettes. Faites-les sauter pendant quelques minutes.
4. Ajoutez les tomates, les tomates concassées, les haricots blancs, les herbes de Provence, le sel et le poivre. Mélangez bien.
5. Fermez le couvercle de l'Instant Pot et réglez-le en mode "Cuisson sous pression" pendant 22 minutes.
6. Une fois la cuisson terminée, effectuez une libération rapide.
7. Garnissez le ragoût de ratatouille aux haricots blancs de persil frais avant de servir.

Ragoût de Ratatouille aux Olives

❖ Temps de préparation : 20 minutes Temps de cuisson : 25 minutes (sous pression) Portions 6 portions

Ingrédients :

- 1 aubergine, coupée en cubes
- 2 courgettes, coupées en rondelles
- 1 poivron rouge, coupé en dés
- 1 poivron jaune, coupé en dés
- 1 oignon, haché
- 3 gousses d'ail, hachées
- 2 tomates, coupées en dés
- 1 boîte (400 g) de tomates concassées
- 150 g d'olives noires, dénoyautées
- 1 cuillère à soupe d'huile d'olive
- 1 cuillère à café d'herbes de Provence
- Sel et poivre, au goût
- Persil frais (pour garnir)

Instructions :

1. Sélectionnez le mode "Sauté" sur l'Instant Pot et faites chauffer l'huile d'olive.
2. Faites revenir l'oignon et l'ail jusqu'à ce qu'ils soient dorés.
3. Ajoutez les poivrons, l'aubergine et les courgettes. Faites-les sauter pendant quelques minutes.
4. Ajoutez les tomates, les tomates concassées, les olives noires, les herbes de Provence, le sel et le poivre. Mélangez bien.
5. Fermez le couvercle de l'Instant Pot et réglez-le en mode "Cuisson sous pression" pendant 25 minutes.
6. Une fois la cuisson terminée, effectuez une libération rapide.
7. Garnissez le ragoût de ratatouille aux olives de persil frais avant de servir.

Ragoût de Ratatouille au Curry

❖ préparation : 20 minutes Temps de cuisson : 25 minutes (sous pression) Portions 6 portions

Ingrédients :

- 1 aubergine, coupée en cubes
- 2 courgettes, coupées en rondelles
- 1 poivron rouge, coupé en dés
- 1 poivron jaune, coupé en dés
- 1 oignon, haché
- 3 gousses d'ail, hachées
- 2 tomates, coupées en dés
- 1 boîte (400 g) de tomates concassées
- 1 boîte (400 g) de pois chiches, égouttés
- 1 cuillère à soupe d'huile d'olive
- 1 cuillère à soupe de poudre de curry
- 1 cuillère à café d'herbes de Provence
- Sel et poivre, au goût
- Coriandre fraîche (pour garnir)

Instructions :

1. Sélectionnez le mode "Sauté" sur l'Instant Pot et faites chauffer l'huile d'olive.
2. Faites revenir l'oignon et l'ail jusqu'à ce qu'ils soient dorés.
3. Ajoutez les poivrons, l'aubergine et les courgettes. Faites-les sauter pendant quelques minutes.
4. Ajoutez les tomates, les tomates concassées, les pois chiches, la poudre de curry, les herbes de Provence, le sel et le poivre. Mélangez bien.
5. Fermez le couvercle de l'Instant Pot et réglez-le en mode "Cuisson sous pression" pendant 25 minutes.
6. Une fois la cuisson terminée, effectuez une libération rapide.
7. Garnissez le ragoût de ratatouille au curry de coriandre fraîche avant de servir.

Ragoût de Ratatouille aux Légumes d'Hiver

❖ préparation : 20 minutes Temps de cuisson : 25 minutes (sous pression) Portions 6 portions

Ingrédients :

- 1 patate douce, coupée en cubes
- 2 carottes, coupées en rondelles
- 1 panais, coupé en dés
- 1 oignon, haché
- 3 gousses d'ail, hachées
- 2 branches de céleri, tranchées
- 2 tomates, coupées en dés
- 1 boîte (400 g) de tomates concassées
- 150 g de champignons, tranchés
- 2 cuillères à soupe d'huile d'olive
- 1 cuillère à café de thym séché
- Sel et poivre, au goût
- Persil frais (pour garnir)

Instructions :

1. Sélectionnez le mode "Sauté" sur l'Instant Pot et faites chauffer l'huile d'olive.
2. Faites revenir l'oignon et l'ail jusqu'à ce qu'ils soient dorés.
3. Ajoutez les carottes, la patate douce, le panais et le céleri. Faites-les sauter pendant quelques minutes.
4. Ajoutez les tomates, les tomates concassées, les champignons, le thym, le sel et le poivre. Mélangez bien.
5. Fermez le couvercle de l'Instant Pot et réglez-le en mode "Cuisson sous pression" pendant 25 minutes.
6. Une fois la cuisson terminée, effectuez une libération rapide.
7. Garnissez le ragoût de ratatouille aux légumes d'hiver de persil frais avant de servir.

Ragoût de Ratatouille aux Légumes Grillés

❖ préparation : 25 minutes Temps de cuisson : 30 minutes (sous pression) Portions 6 portions

Ingrédients :

- 1 aubergine, coupée en cubes
- 2 courgettes, coupées en rondelles
- 1 poivron rouge, coupé en dés
- 1 poivron jaune, coupé en dés
- 1 oignon, haché
- 3 gousses d'ail, hachées
- 2 tomates, coupées en dés
- 1 boîte (400 g) de tomates concassées
- 150 g de champignons, tranchés
- 2 cuillères à soupe d'huile d'olive
- 1 cuillère à café d'herbes de Provence
- Sel et poivre, au goût
- Romarin frais (pour garnir)

Instructions :

1. Sélectionnez le mode "Sauté" sur l'Instant Pot et faites chauffer l'huile d'olive.
2. Faites revenir l'oignon et l'ail jusqu'à ce qu'ils soient dorés.
3. Ajoutez les poivrons, l'aubergine et les courgettes. Faites-les sauter pendant quelques minutes.
4. Ajoutez les tomates, les tomates concassées, les champignons, les herbes de Provence, le sel et le poivre. Mélangez bien.
5. Fermez le couvercle de l'Instant Pot et réglez-le en mode "Cuisson sous pression" pendant 30 minutes.
6. Une fois la cuisson terminée, effectuez une libération rapide.
7. Garnissez le ragoût de ratatouille aux légumes grillés de romarin frais avant de servir.

Ragoût de Ratatouille aux Légumes Méditerranéens

❖ préparation : 20 minutes Temps de cuisson : 25 minutes (sous pression) Portions 6 portions

Ingrédients :

- 1 aubergine, coupée en cubes
- 1 courgette, coupée en rondelles
- 1 poivron rouge, coupé en dés
- 1 poivron jaune, coupé en dés
- 1 oignon rouge, haché
- 3 gousses d'ail, hachées
- 2 tomates, coupées en dés
- 1 boîte (400 g) de tomates concassées
- 150 g d'olives Kalamata, dénoyautées
- 2 cuillères à soupe d'huile d'olive
- 1 cuillère à soupe de basilic frais, haché
- Sel et poivre, au goût
- Feuilles de basilic frais (pour garnir)

Instructions :

1. Sélectionnez le mode "Sauté" sur l'Instant Pot et faites chauffer l'huile d'olive.
2. Faites revenir l'oignon et l'ail jusqu'à ce qu'ils soient dorés.
3. Ajoutez les poivrons, l'aubergine et la courgette. Faites-les sauter pendant quelques minutes.
4. Ajoutez les tomates, les tomates concassées, les olives, le basilic, le sel et le poivre. Mélangez bien.
5. Fermez le couvercle de l'Instant Pot et réglez-le en mode "Cuisson sous pression" pendant 25 minutes.
6. Une fois la cuisson terminée, effectuez une libération rapide.
7. Garnissez le ragoût de ratatouille aux légumes méditerranéens de feuilles de basilic frais avant de servir.

Ragoût de Ratatouille aux Pois Chiches

- ❖ Temps de préparation : 20 minutes Temps de cuisson : 25 minutes (sous pression) Portions 6 portions

Ingrédients :

- 1 aubergine, coupée en cubes
- 2 courgettes, coupées en rondelles
- 1 poivron rouge, coupé en dés
- 1 poivron jaune, coupé en dés
- 1 oignon, haché
- 3 gousses d'ail, hachées
- 2 tomates, coupées en dés
- 1 boîte (400 g) de tomates concassées
- 1 boîte (400 g) de pois chiches, égouttés
- 1 cuillère à soupe d'huile d'olive
- 1 cuillère à café d'herbes de Provence
- Sel et poivre, au goût
- Persil frais (pour garnir)

Instructions :

1. Sélectionnez le mode "Sauté" sur l'Instant Pot et faites chauffer l'huile d'olive.
2. Faites revenir l'oignon et l'ail jusqu'à ce qu'ils soient dorés.
3. Ajoutez les poivrons, l'aubergine et les courgettes. Faites-les sauter pendant quelques minutes.
4. Ajoutez les tomates, les tomates concassées, les pois chiches, les herbes de Provence, le sel et le poivre. Mélangez bien.
5. Fermez le couvercle de l'Instant Pot et réglez-le en mode "Cuisson sous pression" pendant 25 minutes.
6. Une fois la cuisson terminée, effectuez une libération rapide.
7. Garnissez le ragoût de ratatouille aux pois chiches de persil frais avant de servir.

Ragoût de Ratatouille aux Herbes de Provence

- ❖ Temps de préparation : 20 minutes Temps de cuisson : 25 minutes (sous pression)
- ❖ Portions : Environ 6 portions

Ingrédients :

- 1 aubergine, coupée en cubes
- 2 courgettes, coupées en rondelles
- 1 poivron rouge, coupé en dés
- 1 poivron jaune, coupé en dés
- 1 oignon, haché
- 3 gousses d'ail, hachées
- 2 tomates, coupées en dés
- 1 boîte (400 g) de tomates concassées
- 1 cuillère à soupe d'huile d'olive
- 2 cuillères à café d'herbes de Provence
- Sel et poivre, au goût
- Basilic frais (pour garnir)

Instructions :

1. Sélectionnez le mode "Sauté" sur l'Instant Pot et faites chauffer l'huile d'olive.
2. Faites revenir l'oignon et l'ail jusqu'à ce qu'ils soient dorés.
3. Ajoutez les poivrons, l'aubergine et les courgettes. Faites-les sauter pendant quelques minutes.
4. Ajoutez les tomates, les tomates concassées, les herbes de Provence, le sel et le poivre. Mélangez bien.
5. Fermez le couvercle de l'Instant Pot et réglez-le en mode "Cuisson sous pression" pendant 25 minutes.
6. Une fois la cuisson terminée, effectuez une libération rapide.
7. Garnissez le ragoût de ratatouille aux herbes de Provence de basilic frais avant de servir.

CREVETTES

Scampis aux Crevettes Instant Pot

- ❖ Temps de préparation : 10 minutes
- ❖ Temps de cuisson : 3 minutes (sous pression)
- ❖ Portions : Environ 4 portions

Ingrédients :

- 500 g de crevettes, décortiquées et déveinées
- 3 cuillères à soupe de beurre
- 4 gousses d'ail, hachées
- 60 ml de jus de raisin blanc
- Jus de 1 citron
- 1 cuillère à soupe de persil frais, haché
- Sel et poivre, au goût

Instructions :

1. Sélectionnez le mode "Sauté" sur l'Instant Pot et faites fondre le beurre.
2. Ajoutez les crevettes et faites-les sauter jusqu'à ce qu'elles deviennent roses.
3. Ajoutez l'ail et continuez à faire sauter pendant une minute.
4. Versez le jus de raisin blanc dans l'Instant Pot pour déglacer le fond.
5. Ajoutez le jus de citron, le persil, le sel et le poivre. Mélangez bien.
6. Fermez le couvercle de l'Instant Pot et réglez-le en mode "Cuisson sous pression" pendant 3 minutes.
7. Une fois la cuisson terminée, effectuez une libération rapide.
8. Servez les scampis aux crevettes chauds avec du riz, des pâtes ou du pain.

Bouillir les Crevettes Instant Pot

- ❖ Temps de préparation : 5 minutes
- ❖ Temps de cuisson : 1 minute (sous pression)
- ❖ Portions : Environ 4 portions

Ingrédients :

- 500 g de crevettes, non décortiquées
- 1 litre d'eau
- 1 citron, coupé en quartiers
- 4 gousses d'ail, écrasées
- 1 cuillère à soupe de sel
- 1 cuillère à café de poivre
- Sauce cocktail (pour la trempette)

Instructions :

1. Sélectionnez le mode "Sauté" sur l'Instant Pot et ajoutez l'eau, le citron, l'ail, le sel et le poivre.
2. Lorsque l'eau commence à bouillir, ajoutez les crevettes dans l'Instant Pot.
3. Fermez le couvercle de l'Instant Pot et réglez-le en mode "Cuisson sous pression" pendant 1 minute.
4. Une fois la cuisson terminée, effectuez une libération rapide.
5. Retirez les crevettes de l'Instant Pot et servez-les chaudes avec de la sauce cocktail.

Crevettes Instantanées Alfredo

❖ préparation : 10 minutes Temps de cuisson : 5 minutes (sous pression) Portions 4 portions

Ingrédients :

- 500 g de crevettes, décortiquées et déveinées
- 250 ml de crème épaisse
- 120 g de parmesan râpé
- 3 gousses d'ail, hachées
- 2 cuillères à soupe de beurre
- Sel et poivre, au goût
- Persil frais (pour garnir)
- 500 g de fettuccine, cuits selon les instructions

Instructions :

1. Sélectionnez le mode "Sauté" sur l'Instant Pot et faites fondre le beurre.
2. Ajoutez les crevettes et faites-les sauter jusqu'à ce qu'elles deviennent roses.
3. Ajoutez l'ail et continuez à faire sauter pendant une minute.
4. Versez la crème épaisse et le parmesan râpé dans l'Instant Pot. Mélangez bien.
5. Fermez le couvercle de l'Instant Pot et réglez-le en mode "Cuisson sous pression" pendant 5 minutes.
6. Une fois la cuisson terminée, effectuez une libération rapide.
7. Assaisonnez avec du sel et du poivre selon votre goût.
8. Servez les crevettes Alfredo sur un lit de fettuccine, garnies de persil frais.

Crevettes et Brocoli Instant Pot

❖ préparation : 15 minutes Temps de cuisson : 2 minutes (sous pression) Portions : Environ 4 portions

Ingrédients :

- 500 g de crevettes, décortiquées et déveinées
- 200 g de brocoli, coupé en petits bouquets
- 1 poivron rouge, coupé en lanières
- 2 cuillères à soupe de sauce soja
- 1 cuillère à soupe de miel
- 2 cuillères à soupe d'huile d'olive
- 2 gousses d'ail, hachées
- 1 cuillère à café de gingembre frais, râpé
- 1 cuillère à café d'amidon de maïs
- 1 cuillère à soupe d'eau
- 500 g de riz cuit

Instructions :

1. Sélectionnez le mode "Sauté" sur l'Instant Pot et faites chauffer l'huile d'olive.
2. Ajoutez l'ail et le gingembre, puis faites sauter pendant une minute.
3. Ajoutez les crevettes et faites-les sauter jusqu'à ce qu'elles deviennent roses.
4. Dans un bol, mélangez la sauce soja et le miel. Versez ce mélange sur les crevettes.
5. Ajoutez le brocoli et le poivron rouge dans l'Instant Pot.
6. Fermez le couvercle de l'Instant Pot et réglez-le en mode "Cuisson sous pression" pendant 2 minutes.
7. Pendant ce temps, mélangez l'amidon de maïs avec de l'eau pour créer une pâte. Réservez.
8. Une fois la cuisson terminée, effectuez une libération rapide.
9. Ajoutez la pâte d'amidon de maïs dans l'Instant Pot et mélangez bien pour épaissir la sauce.
10. Servez les crevettes et le brocoli sur un lit de riz cuit.

Crevettes Instantanées à l'Ail

- ❖ préparation : 10 minutes Temps de cuisson : 3 minutes (sous pression) Portions 4 portions

Ingrédients :

- 500 g de crevettes, décortiquées et déveinées
- 4 gousses d'ail, hachées
- 60 ml d'huile d'olive
- Jus de 1 citron
- 1 cuillère à café de paprika
- 1/2 cuillère à café de flocons de piment rouge (facultatif)
- Sel et poivre, au goût
- Persil frais (pour garnir)

Instructions :

1. Sélectionnez le mode "Sauté" sur l'Instant Pot et faites chauffer l'huile d'olive.
2. Ajoutez l'ail et faites-le revenir pendant une minute.
3. Ajoutez les crevettes dans l'Instant Pot et faites-les sauter jusqu'à ce qu'elles deviennent roses.
4. Ajoutez le jus de citron, le paprika, les flocons de piment rouge (si vous les utilisez), le sel et le poivre. Mélangez bien.
5. Fermez le couvercle de l'Instant Pot et réglez-le en mode "Cuisson sous pression" pendant 3 minutes.
6. Une fois la cuisson terminée, effectuez une libération rapide.
7. Servez les crevettes à l'ail chaudes, garnies de persil frais.

Crevettes au Beurre Indien Instant Pot

- ❖ préparation : 15 minutes Temps de cuisson : 5 minutes (sous pression) Portions 4 portions

Ingrédients :

- 500 g de crevettes, décortiquées et déveinées
- 3 cuillères à soupe de beurre
- 1 oignon, haché finement
- 2 tomates, hachées
- 2 cuillères à soupe de pâte de tomate
- 1 cuillère à soupe de gingembre frais, râpé
- 2 cuillères à soupe de mélange d'épices indiennes
- 125 ml de crème épaisse
- Sel et poivre, au goût
- Coriandre fraîche (pour garnir)
- Riz cuit (pour accompagner)

Instructions :

1. Sélectionnez le mode "Sauté" sur l'Instant Pot et faites fondre le beurre.
2. Ajoutez l'oignon et faites-le revenir jusqu'à ce qu'il soit doré.
3. Ajoutez les tomates, la pâte de tomate, le gingembre, le mélange d'épices indiennes, le sel et le poivre. Mélangez bien.
4. Ajoutez les crevettes dans l'Instant Pot et faites-les sauter jusqu'à ce qu'elles deviennent roses.
5. Versez la crème épaisse dans l'Instant Pot et mélangez bien.
6. Fermez le couvercle de l'Instant Pot et réglez-le en mode "Cuisson sous pression" pendant 5 minutes.
7. Une fois la cuisson terminée, effectuez une libération rapide.
8. Servez les crevettes au beurre indien sur un lit de riz cuit, garnies de coriandre fraîche.

Instant Pot Peler et Manger des Crevettes

❖ préparation : 5 minutes Temps de cuisson : 2 minutes (sous pression) Portions 4 portions

Ingrédients :

- 500 g de crevettes, non décortiquées
- 60 ml de sauce soja
- 60 ml de ketchup
- 2 cuillères à soupe de miel
- 2 gousses d'ail, hachées
- 1 cuillère à soupe d'huile d'olive
- 1 cuillère à café de gingembre frais, râpé
- 1 cuillère à café de fécule de maïs
- 1 cuillère à soupe d'eau
- Riz cuit (pour accompagner)

Instructions :

1. Sélectionnez le mode "Sauté" sur l'Instant Pot et chauffez l'huile d'olive.
2. Ajoutez l'ail et le gingembre, puis faites sauter pendant une minute.
3. Dans un bol, mélangez la sauce soja, le ketchup et le miel. Versez ce mélange dans l'Instant Pot.
4. Ajoutez les crevettes non décortiquées dans l'Instant Pot.
5. Fermez le couvercle de l'Instant Pot et réglez-le en mode "Cuisson sous pression" pendant 2 minutes.
6. Pendant ce temps, mélangez la fécule de maïs avec de l'eau pour créer une pâte. Réservez.
7. Une fois la cuisson terminée, effectuez une libération rapide.
8. Ajoutez la pâte de fécule de maïs dans l'Instant Pot et mélangez bien pour épaissir la sauce.
9. Servez les crevettes "Peler et Manger" sur un lit de riz cuit.

Pâtes aux Crevettes Instantanées avec Sauce à la Crème de Tomate

❖ préparation : 15 minutes Temps de cuisson : 4 minutes (sous pression) Portions 4 portions

Ingrédients :

- 500 g de crevettes, décortiquées et déveinées
- 500 g de pâtes de votre choix
- 1 boîte (400 g) de tomates concassées
- 250 ml de crème épaisse
- 3 gousses d'ail, hachées
- 1 cuillère à soupe d'huile d'olive
- 1 cuillère à café de basilic séché
- Sel et poivre, au goût
- Parmesan râpé (pour saupoudrer)

Instructions :

1. Sélectionnez le mode "Sauté" sur l'Instant Pot et chauffez l'huile d'olive.
2. Ajoutez l'ail et faites-le revenir jusqu'à ce qu'il soit doré.
3. Ajoutez les crevettes dans l'Instant Pot et faites-les sauter jusqu'à ce qu'elles deviennent roses.
4. Versez les tomates concassées, la crème épaisse, le basilic, le sel et le poivre dans l'Instant Pot. Mélangez bien.
5. Ajoutez les pâtes dans l'Instant Pot, en les poussant légèrement pour s'assurer qu'elles sont immergées dans le liquide.
6. Fermez le couvercle de l'Instant Pot et réglez-le en mode "Cuisson sous pression" pendant 4 minutes.
7. Une fois la cuisson terminée, effectuez une libération rapide.
8. Remuez bien les pâtes et la sauce. Si nécessaire, laissez reposer quelques minutes pour épaissir la sauce.

Pâtes aux Crevettes Instant Pot Bang Bang

❖ préparation : 15 minutes Temps de cuisson : 4 minutes (sous pression) Portions 4 portions

Ingrédients :

- 500 g de crevettes, décortiquées et déveinées
- 500 g de pâtes de votre choix
- 125 ml de mayonnaise
- 60 ml de sauce chili sucrée
- 2 cuillères à soupe de miel
- 1 cuillère à soupe de vinaigre de riz
- 1 cuillère à café de paprika
- 1 cuillère à café de poudre d'ail
- 1 cuillère à café de sriracha (ajustez selon votre goût)
- Ciboulette fraîche (pour garnir)

Instructions :

1. Sélectionnez le mode "Sauté" sur l'Instant Pot et chauffez de l'eau. Faites cuire les pâtes selon les instructions sur l'emballage. Égouttez et réservez.
2. Dans un bol, mélangez la mayonnaise, la sauce chili sucrée, le miel, le vinaigre de riz, le paprika, la poudre d'ail et le sriracha.
3. Sélectionnez le mode "Sauté" sur l'Instant Pot et faites sauter les crevettes jusqu'à ce qu'elles deviennent roses.
4. Ajoutez la sauce préparée dans l'Instant Pot et mélangez bien pour enrober les crevettes.
5. Ajoutez les pâtes cuites dans l'Instant Pot et mélangez délicatement pour les enrober de la sauce.
6. Fermez le couvercle de l'Instant Pot et réglez-le en mode "Cuisson sous pression" pendant 4 minutes.
7. Une fois la cuisson terminée, effectuez une libération rapide.
8. Servez les pâtes aux crevettes "Bang Bang" garnies de ciboulette fraîche.

Fajitas aux Crevettes Instant Pot

❖ Temps de préparation : 15 minutes Temps de cuisson : 5 minutes (sous pression) Portions 4 portions

Ingrédients :

- 500 g de crevettes, décortiquées et déveinées
- 1 poivron rouge, coupé en lanières
- 1 poivron vert, coupé en lanières
- 1 oignon rouge, coupé en lanières
- 2 cuillères à soupe d'huile d'olive
- 1 cuillère à soupe de mélange d'épices pour fajitas
- Jus de 1 citron vert
- Tortillas de maïs (pour servir)
- Guacamole, crème aigre, coriandre (pour garnir)

Instructions :

1. Sélectionnez le mode "Sauté" sur l'Instant Pot et faites chauffer l'huile d'olive.
2. Ajoutez les crevettes, les poivrons, l'oignon et le mélange d'épices pour fajitas. Faites sauter pendant quelques minutes.
3. Versez le jus de citron vert dans l'Instant Pot et mélangez bien.
4. Fermez le couvercle de l'Instant Pot et réglez-le en mode "Cuisson sous pression" pendant 5 minutes.
5. Une fois la cuisson terminée, effectuez une libération rapide.

Tacos aux Crevettes à la Coriandre et à la Lime Instant Pot

❖ préparation : 15 minutes Temps de cuisson : 5 minutes (sous pression) Portions 4 portions

Ingrédients :

- 500 g de crevettes, décortiquées et déveinées
- 1 cuillère à soupe d'huile d'olive
- 2 cuillères à café de cumin moulu
- 1 cuillère à café de paprika
- 1/2 cuillère à café de coriandre moulue
- Sel et poivre, au goût
- Jus de 2 limes
- Tortillas de maïs
- Avocat, salsa, coriandre (pour garnir)

Instructions :

1. Sélectionnez le mode "Sauté" sur l'Instant Pot et faites chauffer l'huile d'olive.
2. Ajoutez les crevettes dans l'Instant Pot et saupoudrez de cumin, de paprika, de coriandre, de sel et de poivre. Faites sauter jusqu'à ce que les crevettes deviennent roses.
3. Versez le jus de lime sur les crevettes et mélangez bien.
4. Fermez le couvercle de l'Instant Pot et réglez-le en mode "Cuisson sous pression" pendant 5 minutes.
5. Pendant ce temps, chauffez les tortillas de maïs.
6. Une fois la cuisson terminée, effectuez une libération rapide.
7. Remplissez les tortillas avec les crevettes, et garnissez d'avocat, de salsa et de coriandre.

Paella Instantanée aux Crevettes

❖ préparation : 15 minutes Temps de cuisson : 10 minutes (sous pression) Portions 4 portions

Ingrédients :

- 500 g de crevettes, décortiquées et déveinées
- 200 g de riz à paella
- 1 poivron rouge, coupé en lanières
- 1 poivron vert, coupé en lanières
- 1 oignon, haché
- 3 gousses d'ail, hachées
- 1 tomate, coupée en dés
- 125 ml de jus de raisin blanc
- 1 cuillère à café de safran
- 1 cuillère à café de paprika
- 1/2 cuillère à café de curcuma
- 500 ml de bouillon de poulet
- Sel et poivre, au goût
- Pois (facultatif)
- Citron (pour garnir)

Instructions :

1. Sélectionnez le mode "Sauté" sur l'Instant Pot et faites revenir l'oignon et l'ail dans un peu d'huile.
2. Ajoutez les poivrons et faites-les sauter jusqu'à ce qu'ils soient tendres.
3. Ajoutez les crevettes dans l'Instant Pot et faites-les sauter jusqu'à ce qu'elles deviennent roses.
4. Ajoutez le riz à paella et mélangez bien.
5. Versez le jus de raisin blanc dans l'Instant Pot pour déglacer le fond.
6. Ajoutez la tomate, le safran, le paprika, le curcuma, le bouillon de poulet, le sel et le poivre. Mélangez bien.
7. Fermez le couvercle de l'Instant Pot et réglez-le en mode "Cuisson sous pression" pendant 10 minutes.
8. Une fois la cuisson terminée, effectuez une libération rapide.
9. Garnissez la paella de pois (si vous en utilisez) et servez avec des quartiers de citron.

Riz au Curry aux Crevettes

❖ préparation : 15 minutes Temps de cuisson : 5 minutes (sous pression) Portions 4 portions

Ingrédients :

- 500 g de crevettes, décortiquées et déveinées
- 200 g de riz basmati
- 1 oignon, haché
- 3 gousses d'ail, hachées
- 1 cuillère à soupe de pâte de curry
- 1 cuillère à café de curcuma
- 1 cuillère à café de cumin
- 1 cuillère à café de coriandre moulue
- 1/2 cuillère à café de cannelle
- 125 ml de lait de coco
- 250 ml de bouillon de poulet
- Sel et poivre, au goût
- Coriandre fraîche (pour garnir)

Instructions :

1. Sélectionnez le mode "Sauté" sur l'Instant Pot et faites revenir l'oignon et l'ail dans un peu d'huile.
2. Ajoutez les crevettes dans l'Instant Pot et faites-les sauter jusqu'à ce qu'elles deviennent roses.
3. Ajoutez la pâte de curry, le curcuma, le cumin, la coriandre moulue et la cannelle. Mélangez bien.
4. Ajoutez le riz basmati et mélangez pour enrober de la sauce.
5. Versez le lait de coco et le bouillon de poulet dans l'Instant Pot. Assaisonnez avec du sel et du poivre.
6. Fermez le couvercle de l'Instant Pot et réglez-le en mode "Cuisson sous pression" pendant 5 minutes.
7. Une fois la cuisson terminée, effectuez une libération rapide.
8. Garnissez le riz au curry aux crevettes de coriandre fraîche avant de servir.

Riz Frit aux Crevettes Instant Pot

❖ préparation : 15 minutes Temps de cuisson : 5 minutes (sous pression) Portions 4 portions

Ingrédients :

- 500 g de crevettes, décortiquées et déveinées
- 400 g de riz cuit et refroidi
- 1 poivron rouge, coupé en dés
- 1 poivron vert, coupé en dés
- 1 oignon, haché
- 3 gousses d'ail, hachées
- 2 œufs, battus
- 3 cuillères à soupe de sauce soja
- 1 cuillère à soupe de sauce d'huître
- 1 cuillère à café de gingembre râpé
- 1 cuillère à café d'huile de sésame
- Ciboule (pour garnir)

Instructions :

1. Sélectionnez le mode "Sauté" sur l'Instant Pot et faites revenir l'oignon et l'ail dans un peu d'huile.
2. Ajoutez les crevettes dans l'Instant Pot et faites-les sauter jusqu'à ce qu'elles deviennent roses.
3. Ajoutez les poivrons dans l'Instant Pot et faites-les sauter jusqu'à ce qu'ils soient tendres.
4. Poussez les ingrédients sur le côté de l'Instant Pot et versez les œufs battus dans l'espace vide. Remuez jusqu'à ce qu'ils soient brouillés.
5. Ajoutez le riz cuit dans l'Instant Pot et mélangez bien.
6. Versez la sauce soja, la sauce d'huître, le gingembre râpé et l'huile de sésame. Mélangez pour enrober uniformément.
7. Fermez le couvercle de l'Instant Pot et réglez-le en mode "Cuisson sous pression" pendant 5 minutes.
8. Une fois la cuisson terminée, effectuez une libération rapide.
9. Garnissez le riz frit aux crevettes de ciboule avant de servir.

POULET AUX OIGNONS À LA FRANÇAISE

Poulet aux Oignons Caramélisés

- ❖ Temps de préparation : 15 minutes Temps de cuisson : 25 minutes (sous pression) Portions 4 portions

Ingrédients :

- 4 cuisses de poulet
- 4 gros oignons, tranchés
- 120 g de sucre
- 60 ml de vinaigre balsamique
- 250 ml de bouillon de poulet
- 2 cuillères à soupe d'huile d'olive
- Thym frais (pour garnir)
- Sel et poivre, au goût

Instructions :

1. Sélectionnez le mode "Sauté" sur l'Instant Pot et faites chauffer l'huile d'olive.
2. Faites dorer les cuisses de poulet de chaque côté. Retirez-les de l'Instant Pot et mettez de côté.
3. Ajoutez les oignons tranchés dans l'Instant Pot et faites-les sauter jusqu'à ce qu'ils soient dorés.
4. Ajoutez le sucre dans l'Instant Pot et remuez jusqu'à ce que les oignons soient caramélisés.
5. Versez le vinaigre balsamique pour déglacer le fond.
6. Remettez les cuisses de poulet dans l'Instant Pot, ajoutez le bouillon de poulet, le sel, le poivre et le thym.
7. Fermez le couvercle de l'Instant Pot et réglez-le en mode "Cuisson sous pression" pendant 25 minutes.
8. Une fois la cuisson terminée, effectuez une libération rapide.
9. Garnissez le poulet aux oignons de thym frais avant de servir.

Poulet aux Oignons et à la Moutarde

- ❖ Temps de préparation : 15 minutes Temps de cuisson : 15 minutes (sous pression) Portion 4 portions

Ingrédients :

- 4 poitrines de poulet
- 2 gros oignons, tranchés
- 3 cuillères à soupe de moutarde de Dijon
- 250 ml de bouillon de poulet
- 2 cuillères à soupe d'huile d'olive
- 4 gousses d'ail, hachées
- Sel et poivre, au goût
- Thym frais (pour garnir)

Instructions :

1. Sélectionnez le mode "Sauté" sur l'Instant Pot et faites chauffer l'huile d'olive.
2. Faites dorer les poitrines de poulet de chaque côté jusqu'à ce qu'elles soient bien dorées. Retirez-les de l'Instant Pot et mettez de côté.
3. Ajoutez les oignons tranchés dans l'Instant Pot et faites-les revenir jusqu'à ce qu'ils soient dorés.
4. Ajoutez l'ail haché et faites revenir pendant une minute.
5. Remettez les poitrines de poulet dans l'Instant Pot, ajoutez la moutarde de Dijon, le bouillon de poulet, le sel, le poivre et le thym.
6. Fermez le couvercle de l'Instant Pot et réglez-le en mode "Cuisson sous pression" pendant 15 minutes.
7. Une fois la cuisson terminée, effectuez une libération rapide.
8. Garnissez le poulet aux oignons de thym frais avant de servir.

Poulet aux Oignons et au Bouillon Aromatisé

❖ préparation : 20 minutes Temps de cuisson : 20 minutes (sous pression) Portions 4 portions

Ingrédients :

- 4 cuisses de poulet
- 3 gros oignons, émincés
- 250 ml de bouillon de poulet
- 250 ml de bouillon aromatisé (légumes, poulet, etc.)
- 2 cuillères à soupe d'huile d'olive
- 4 branches de thym frais
- Sel et poivre, au goût
- Persil frais (pour garnir)

Instructions :

1. Sélectionnez le mode "Sauté" sur l'Instant Pot et faites chauffer l'huile d'olive.
2. Enfarinez les cuisses de poulet et faites-les dorer de chaque côté. Retirez-les de l'Instant Pot et mettez de côté.
3. Ajoutez les oignons émincés dans l'Instant Pot et faites-les revenir jusqu'à ce qu'ils soient dorés.
4. Versez le bouillon de poulet et le bouillon aromatisé dans l'Instant Pot.
5. Remettez les cuisses de poulet dans l'Instant Pot, ajoutez le sel, le poivre et le thym.
6. Fermez le couvercle de l'Instant Pot et réglez-le en mode "Cuisson sous pression" pendant 20 minutes.
7. Une fois la cuisson terminée, effectuez une libération rapide.
8. Garnissez le poulet aux oignons de persil frais avant de servir.

Poulet aux Oignons et aux Champignons

❖ préparation : 20 minutes Temps de cuisson : 20 minutes (sous pression) Portions 4 portions

Ingrédients :

- 4 poitrines de poulet
- 2 gros oignons, tranchés
- 250 g de champignons, tranchés
- 250 ml de bouillon de poulet
- 120 ml de de jus de raisin blanc
- 3 cuillères à soupe de farine
- 2 cuillères à soupe d'huile d'olive
- 4 gousses d'ail, hachées
- Thym frais (pour garnir)
- Sel et poivre, au goût

Instructions :

1. Sélectionnez le mode "Sauté" sur l'Instant Pot et faites chauffer l'huile d'olive.
2. Enfarinez les poitrines de poulet et faites-les dorer de chaque côté. Retirez-les de l'Instant Pot et mettez de côté.
3. Ajoutez les oignons tranchés et les champignons dans l'Instant Pot. Faites-les revenir jusqu'à ce qu'ils soient dorés.
4. Ajoutez l'ail haché et faites revenir pendant une minute.
5. Versez de jus de raisin blanc dans l'Instant Pot pour déglacer le fond.
6. Remettez les poitrines de poulet dans l'Instant Pot, ajoutez le bouillon de poulet, le sel, le poivre et le thym.
7. Fermez le couvercle de l'Instant Pot et réglez-le en mode "Cuisson sous pression" pendant 20 minutes.
8. Une fois la cuisson terminée, effectuez une libération rapide.
9. Garnissez le poulet aux oignons et aux champignons de thym frais avant de servir.

Poulet aux Oignons et au Citron

❖ préparation : 20 minutes Temps de cuisson : 20 minutes (sous pression) Portions 4 portions

Ingrédients :

- 4 pilons de poulet
- 4 gros oignons, émincés
- Jus et zeste de 2 citrons
- 250 ml de bouillon de poulet
- 2 cuillères à soupe d'huile d'olive
- 2 cuillères à soupe de miel
- 4 gousses d'ail, hachées
- Thym frais (pour garnir)
- Sel et poivre, au goût

Instructions :

1. Sélectionnez le mode "Sauté" sur l'Instant Pot et faites chauffer l'huile d'olive.
2. Faites dorer les pilons de poulet de chaque côté. Retirez-les de l'Instant Pot et mettez de côté.
3. Ajoutez les oignons émincés dans l'Instant Pot et faites-les sauter jusqu'à ce qu'ils soient dorés.
4. Ajoutez l'ail haché et faites revenir pendant une minute.
5. Versez le jus de citron, le zeste, le miel dans l'Instant Pot pour déglacer le fond.
6. Remettez les pilons de poulet dans l'Instant Pot, ajoutez le bouillon de poulet, le sel, le poivre et le thym.
7. Fermez le couvercle de l'Instant Pot et réglez-le en mode "Cuisson sous pression" pendant 20 minutes.
8. Une fois la cuisson terminée, effectuez une libération rapide.
9. Garnissez le poulet aux oignons de thym frais avant de servir.

Poulet aux Oignons et au Curry

❖ préparation : 20 minutes Temps de cuisson : 18 minutes (sous pression) Portions 4 portions

Ingrédients :

- 4 hauts de cuisse de poulet
- 4 gros oignons, émincés
- 250 ml de bouillon de poulet
- 125 ml de lait de coco
- 2 cuillères à soupe d'huile d'olive
- 2 cuillères à soupe de pâte de curry
- 4 gousses d'ail, hachées
- Coriandre fraîche (pour garnir)
- Sel et poivre, au goût

Instructions :

1. Sélectionnez le mode "Sauté" sur l'Instant Pot et faites chauffer l'huile d'olive.
2. Faites dorer les hauts de cuisse de poulet de chaque côté. Retirez-les de l'Instant Pot et mettez de côté.
3. Ajoutez les oignons émincés dans l'Instant Pot et faites-les sauter jusqu'à ce qu'ils soient dorés.
4. Ajoutez l'ail haché et faites revenir pendant une minute.
5. Ajoutez la pâte de curry dans l'Instant Pot et mélangez bien.
6. Remettez les hauts de cuisse de poulet dans l'Instant Pot, ajoutez le bouillon de poulet, le lait de coco, le sel et le poivre.
7. Fermez le couvercle de l'Instant Pot et réglez-le en mode "Cuisson sous pression" pendant 18 minutes.
8. Une fois la cuisson terminée, effectuez une libération rapide.
9. Garnissez le poulet aux oignons et au curry de coriandre fraîche avant de servir.

Poulet aux Oignons et aux Olives

❖ préparation : 15 minutes Temps de cuisson : 18 minutes (sous pression) Portions 4 portions

Ingrédients :

- 4 hauts de cuisse de poulet
- 3 gros oignons, tranchés
- 250 ml de bouillon de poulet
- 75 g d'olives noires dénoyautées
- 2 cuillères à soupe d'huile d'olive
- 4 gousses d'ail, hachées
- Origan frais (pour garnir)
- Sel et poivre, au goût

Instructions :

1. Sélectionnez le mode "Sauté" sur l'Instant Pot et faites chauffer l'huile d'olive.
2. Faites dorer les hauts de cuisse de poulet de chaque côté. Retirez-les de l'Instant Pot et mettez de côté.
3. Ajoutez les oignons tranchés dans l'Instant Pot et faites-les sauter jusqu'à ce qu'ils soient dorés.
4. Ajoutez l'ail haché et faites revenir pendant une minute.
5. Remettez les hauts de cuisse de poulet dans l'Instant Pot, ajoutez le bouillon de poulet, les olives, le sel, le poivre et l'origan.
6. Fermez le couvercle de l'Instant Pot et réglez-le en mode "Cuisson sous pression" pendant 18 minutes.
7. Une fois la cuisson terminée, effectuez une libération rapide.
8. Garnissez le poulet aux oignons d'origan frais avant de servir.

Poulet aux Oignons et aux Herbes de Provence

❖ préparation : 15 minutes Temps de cuisson : 18 minutes (sous pression) Portions 4 portions

Ingrédients :

- 4 pilons de poulet
- 3 gros oignons, émincés
- 250 ml de bouillon de poulet
- 60 ml de jus de raisin blanc
- 2 cuillères à soupe d'huile d'olive
- 2 cuillères à café d'herbes de Provence
- 4 gousses d'ail, hachées
- Sel et poivre, au goût
- Persil frais (pour garnir)

Instructions :

1. Sélectionnez le mode "Sauté" sur l'Instant Pot et faites chauffer l'huile d'olive.
2. Enfarinez les pilons de poulet et faites-les dorer de chaque côté. Retirez-les de l'Instant Pot et mettez de côté.
3. Ajoutez les oignons émincés dans l'Instant Pot et faites-les sauter jusqu'à ce qu'ils soient dorés.
4. Ajoutez l'ail haché et faites revenir pendant une minute.
5. Versez le jus de raisin blanc dans l'Instant Pot pour déglacer le fond.
6. Remettez les pilons de poulet dans l'Instant Pot, ajoutez le bouillon de poulet, les herbes de Provence, le sel et le poivre.
7. Fermez le couvercle de l'Instant Pot et réglez-le en mode "Cuisson sous pression" pendant 18 minutes.
8. Une fois la cuisson terminée, effectuez une libération rapide.
9. Garnissez le poulet aux oignons d'un peu de persil frais avant de servir.

Poulet aux Oignons et aux Pruneaux

❖ préparation : 20 minutes Temps de cuisson : 22 minutes (sous pression) Portions 4 portions

Ingrédients :

- 4 pilons de poulet
- 4 gros oignons, émincés
- 250 ml de bouillon de poulet
- 75 g de pruneaux dénoyautés
- 2 cuillères à soupe d'huile d'olive
- 2 cuillères à soupe de vinaigre balsamique
- 4 gousses d'ail, hachées
- Laurier frais (pour garnir)
- Sel et poivre, au goût

Instructions :

1. Sélectionnez le mode "Sauté" sur l'Instant Pot et faites chauffer l'huile d'olive.
2. Faites dorer les pilons de poulet de chaque côté. Retirez-les de l'Instant Pot et mettez de côté.
3. Ajoutez les oignons émincés dans l'Instant Pot et faites-les sauter jusqu'à ce qu'ils soient dorés.
4. Ajoutez l'ail haché et faites revenir pendant une minute.
5. Versez le vinaigre balsamique dans l'Instant Pot pour déglacer le fond.
6. Remettez les pilons de poulet dans l'Instant Pot, ajoutez le bouillon de poulet, les pruneaux, le sel, le poivre et le laurier.
7. Fermez le couvercle de l'Instant Pot et réglez-le en mode "Cuisson sous pression" pendant 22 minutes.
8. Une fois la cuisson terminée, effectuez une libération rapide.
9. Garnissez le poulet aux oignons de feuilles de laurier avant de servir.

Poulet aux Oignons et au Thym

❖ préparation : 15 minutes Temps de cuisson : 22 minutes (sous pression) Portions 4 portions

Ingrédients :

- 4 pilons de poulet
- 4 gros oignons, tranchés
- 250 ml de bouillon de poulet
- 2 cuillères à soupe d'huile d'olive
- 2 cuillères à soupe de moutarde à l'ancienne
- 4 gousses d'ail, hachées
- Feuilles de laurier (pour garnir)
- Sel et poivre, au goût

Instructions :

1. Sélectionnez le mode "Sauté" sur l'Instant Pot et faites chauffer l'huile d'olive.
2. Faites dorer les pilons de poulet de chaque côté. Retirez-les de l'Instant Pot et mettez de côté.
3. Ajoutez les oignons tranchés dans l'Instant Pot et faites-les sauter jusqu'à ce qu'ils soient dorés.
4. Ajoutez l'ail haché et faites revenir pendant une minute.
5. Ajoutez la moutarde à l'ancienne dans l'Instant Pot pour déglacer le fond.
6. Remettez les pilons de poulet dans l'Instant Pot, ajoutez le bouillon de poulet, le sel, le poivre et les feuilles de laurier.
7. Fermez le couvercle de l'Instant Pot et réglez-le en mode "Cuisson sous pression" pendant 22 minutes.
8. Une fois la cuisson terminée, effectuez une libération rapide.
9. Garnissez le poulet aux oignons de feuilles de laurier avant de servir.

REPAS À PRÉPARER

Blanquette de Veau Express

- ❖ Temps de préparation : 15 minutes Temps de cuisson : 25 minutes sous pression Portions : 6 personnes

Ingrédients :

- 1,2 kg de veau, coupé en cubes
- 4 carottes, coupées en rondelles
- 2 oignons, hachés
- 250 g de champignons, tranchés
- 2 litres de bouillon de volaille
- 100 ml de jus de citron
- 3 cuillères à soupe de farine
- 2 cuillères à soupe d'huile d'olive
- Sel et poivre au goût

Instructions :

1. En mode "Sauté", faites dorer le veau dans l'huile d'olive.
2. Ajoutez les oignons, les carottes, les champignons, la farine et mélangez.
3. Versez le bouillon de volaille, le jus de citron, fermez le couvercle et cuisez en mode "Cuisson sous pression" pendant 25 minutes.
4. Assaisonnez avec du sel et du poivre.

Boeuf Bourguignon

- ❖ Temps de préparation : 20 minutes Temps de cuisson : 30 minutes sous pression Portions : 6 personnes

Ingrédients :

- 1,5 kg de bœuf à braiser, coupé en cubes
- 200 g de lardons
- 500 g de champignons, coupés en quartiers
- 3 carottes, coupées en rondelles
- 2 oignons, hachés
- 750 ml de bouillon de bœuf
- 3 cuillères à soupe de farine
- 3 cuillères à soupe de concentré de tomate
- 2 cuillères à soupe d'huile d'olive
- Sel et poivre au goût

Instructions :

1. En mode "Sauté", faites revenir les lardons et le bœuf dans l'huile d'olive.
2. Ajoutez les oignons, les carottes, les champignons, la farine, le concentré de tomate et mélangez.
3. Versez le bouillon de bœuf, fermez le couvercle et cuisez en mode "Cuisson sous pression" pendant 30 minutes.
4. Assaisonnez avec du sel et du poivre.

Boeuf aux Carottes et aux Herbes

- ❖ préparation : 20 minutes Temps de cuisson : 30 minutes sous pression Portions : 6 personnes

Ingrédients :

- 1,5 kg de viande de bœuf à braiser, coupée en cubes
- 4 carottes, coupées en rondelles
- 2 oignons, hachés
- 3 branches de thym frais
- 2 feuilles de laurier
- 500 ml de bouillon de bœuf
- 100 ml de substitut de jus de raisin rouge
- 2 cuillères à soupe d'huile d'olive
- Sel et poivre au goût

Instructions :

1. En mode "Sauté", faites revenir la viande dans l'huile d'olive.
2. Ajoutez les oignons, les carottes, le thym, le laurier, le substitut de jus de raisin rouge, et le bouillon de bœuf.
3. Fermez le couvercle et cuisez en mode "Cuisson sous pression" pendant 30 minutes.
4. Assaisonnez avec du sel et du poivre.

Bœuf Stroganoff aux Champignons

- ❖ préparation : 15 minutes Temps de cuisson : 20 minutes sous pression Portions : 4 personnes

Ingrédients :

- 800 g de bœuf à sauter, coupé en lanières
- 400 g de champignons, tranchés
- 2 oignons, hachés
- 200 ml de bouillon de bœuf
- 100 ml de crème fraîche
- 2 cuillères à soupe de moutarde de Dijon
- 2 cuillères à soupe d'huile d'olive
- Sel et poivre au goût

Instructions :

1. En mode "Sauté", faites revenir les lanières de bœuf dans l'huile d'olive.
2. Ajoutez les oignons et les champignons, puis versez le bouillon de bœuf.
3. Mélangez la crème fraîche et la moutarde, ajoutez au mélange, fermez le couvercle et cuisez en mode "Cuisson sous pression" pendant 20 minutes.
4. Assaisonnez avec du sel et du poivre.

Cassoulet Maison

- ❖ préparation : 20 minutes Temps de cuisson : 25 minutes sous pression Portions : 6 personnes

Ingrédients :

- 400 g de saucisses de Toulouse
- 400 g de cuisses de canard confites
- 250 g de haricots blancs secs, trempés
- 2 carottes, coupées en rondelles
- 1 oignon, haché
- 2 gousses d'ail, émincées
- 1 boîte de pulpe de tomates (400 g)
- 500 ml de bouillon de volaille
- 2 cuillères à soupe d'huile d'olive
- Sel et poivre au goût

Instructions :

1. En mode "Sauté", faites revenir l'oignon et l'ail dans l'huile d'olive.
2. Ajoutez les saucisses, les cuisses de canard, les haricots, les carottes, la pulpe de tomates, le bouillon, le sel et le poivre.
3. Fermez le couvercle et cuisez en mode "Cuisson sous pression" pendant 25 minutes.

Chili Con Carne

❖ préparation : 15 minutes Temps de cuisson : 25 minutes sous pression Portions : 6 personnes

Ingrédients :

- 500 g de bœuf haché
- 2 boîtes de haricots rouges (800 g au total), rincés et égouttés
- 1 boîte de tomates concassées (400 g)
- 1 oignon, haché
- 2 poivrons rouges, coupés en dés
- 3 gousses d'ail, émincées
- 2 cuillères à soupe d'huile d'olive
- 2 cuillères à soupe de poudre de chili
- 1 cuillère à soupe de cumin moulu
- Sel et poivre au goût

Instructions :

1. En mode "Sauté", faites revenir l'oignon et l'ail dans l'huile d'olive.
2. Ajoutez la viande hachée et faites-la dorer. Ajoutez les poivrons, la poudre de chili, le cumin, le sel et le poivre.
3. Versez les haricots, les tomates concassées, fermez le couvercle et cuisez en mode "Cuisson sous pression" pendant 25 minutes.

Chili Végétalien aux Haricots Rouges

❖ préparation : 15 minutes Temps de cuisson : 20 minutes sous pression Portions : 6 personnes

Ingrédients :

- 500 g de haricots rouges cuits
- 400 g de tomates concassées en boîte
- 2 poivrons rouges, coupés en dés
- 1 oignon, haché
- 3 gousses d'ail, émincées
- 2 cuillères à soupe d'huile d'olive
- 2 cuillères à soupe de poudre de chili
- 1 cuillère à soupe de cumin moulu
- Sel et poivre au goût

Instructions :

1. En mode "Sauté", faites revenir l'oignon et l'ail dans l'huile d'olive.
2. Ajoutez les poivrons, les haricots rouges, les tomates, la poudre de chili, le cumin, le sel et le poivre.
3. Fermez le couvercle et cuisez en mode "Cuisson sous pression" pendant 20 minutes.

Curry de Pois Chiches Végétarien :

❖ préparation : 10 minutes Temps de cuisson : 15 minutes sous pression Portions : 4 personnes

Ingrédients :

- 250 g de pois chiches secs, trempés
- 400 ml de lait de coco
- 2 cuillères à soupe de pâte de curry rouge
- 1 oignon, haché
- 2 carottes, coupées en rondelles
- 1 poivron rouge, coupé en lanières
- 1 cuillère à soupe d'huile végétale
- Sel et poivre au goût

Instructions :

1. En mode "Sauté", faites revenir l'oignon dans l'huile jusqu'à ce qu'il soit doré.
2. Ajoutez la pâte de curry, puis les légumes et les pois chiches. Mélangez.
3. Versez le lait de coco, fermez le couvercle et cuisez en mode "Cuisson sous pression" pendant 15 minutes.
4. Assaisonnez avec du sel et du poivre.

Curry Végétarien aux Pois Chiches :

- ❖ Temps de préparation : 10 minutes Temps de cuisson : 15 minutes sous pression Portions : 4 personnes

Ingrédients :

- 400 g de pois chiches cuits
- 400 ml de lait de coco
- 2 cuillères à soupe de pâte de curry rouge
- 1 oignon, haché
- 2 carottes, coupées en rondelles
- 1 poivron rouge, coupé en lanières
- 1 cuillère à soupe d'huile d'olive
- Sel et poivre au goût

Instructions :

1. En mode "Sauté", faites revenir l'oignon dans l'huile d'olive jusqu'à ce qu'il soit doré.
2. Ajoutez la pâte de curry, puis les légumes et les pois chiches. Mélangez.
3. Versez le lait de coco, fermez le couvercle et cuisez en mode "Cuisson sous pression" pendant 15 minutes.
4. Assaisonnez avec du sel et du poivre.

Lentilles au Chorizo et aux Légumes

- ❖ Temps de préparation : 10 minutes
- ❖ Temps de cuisson : 20 minutes sous pression
- ❖ Portions : 6 personnes

Ingrédients :

- 400 g de lentilles vertes
- 200 g de chorizo, tranché
- 2 carottes, coupées en dés
- 2 poireaux, tranchés
- 1 oignon, haché
- 1,5 litres de bouillon de légumes
- 2 cuillères à soupe d'huile d'olive
- Sel et poivre au goût

Instructions :

1. En mode "Sauté", faites revenir l'oignon dans l'huile jusqu'à ce qu'il soit translucide.
2. Ajoutez le chorizo, les lentilles, les carottes, les poireaux, le bouillon, le sel et le poivre.
3. Cuisez en mode "Cuisson sous pression" pendant 20 minutes.

Lentilles au Curry et à la Noix de Coco

Temps de préparation : 10 minutes Temps de cuisson : 15 minutes sous pression Portions : 4 personnes

Ingrédients :

- 400 g de lentilles vertes
- 400 ml de lait de coco
- 2 cuillères à soupe de pâte de curry rouge
- 1 oignon, haché
- 2 gousses d'ail, émincées
- 1 cuillère à soupe d'huile d'olive
- Sel et poivre au goût

Instructions :

1. En mode "Sauté", faites revenir l'oignon et l'ail dans l'huile d'olive.
2. Ajoutez les lentilles, la pâte de curry rouge, le lait de coco.
3. Fermez le couvercle et cuisez en mode "Cuisson sous pression" pendant 15 minutes.
4. Assaisonnez avec du sel et du poivre.

Lentilles au Cumin et Tomates

- ❖ Temps de préparation : 10 minutes
- ❖ Temps de cuisson : 15 minutes sous pression
- ❖ Portions : 6 personnes

Ingrédients :

- 400 g de lentilles
- 1 litre de coulis de tomates
- 2 oignons, hachés
- 3 gousses d'ail, émincées
- 2 cuillères à soupe d'huile d'olive
- 2 cuillères à café de cumin moulu
- 1 cuillère à café de paprika
- Sel et poivre au goût

Instructions :

1. En mode "Sauté", faites revenir l'oignon et l'ail dans l'huile d'olive.
2. Ajoutez les lentilles, le coulis de tomates, le cumin, le paprika, le sel et le poivre.
3. Fermez le couvercle et cuisez en mode "Cuisson sous pression" pendant 15 minutes.

Lentilles à la Provençale

- ❖ Temps de préparation : 10 minutes Temps de cuisson : 15 minutes sous pressionPortions : 6 personnes

Ingrédients :

- 400 g de lentilles vertes
- 2 carottes, coupées en dés
- 2 poireaux, tranchés
- 1 oignon, haché
- 2 gousses d'ail, émincées
- 1,5 litres de bouillon de légumes
- 2 cuillères à soupe d'huile d'olive
- 2 cuillères à café d'herbes de Provence
- Sel et poivre au goût

Instructions :

1. En mode "Sauté", faites revenir l'oignon dans l'huile d'olive jusqu'à ce qu'il soit translucide.
2. Ajoutez les lentilles, les carottes, les poireaux, le bouillon de légumes, les herbes de Provence, le sel et le poivre.
3. Cuisez en mode "Cuisson sous pression" pendant 15 minutes.

Pâtes aux Légumes et à la Sauce Tomate

- ❖ Temps de préparation : 10 minutes Temps de cuisson : 5 minutes sous pression Portions : 4 personnes

Ingrédients :

- 400 g de pâtes
- 2 courgettes, coupées en dés
- 2 tomates, coupées en dés
- 1 oignon, haché
- 3 gousses d'ail, émincées
- 500 ml de coulis de tomate
- 2 cuillères à soupe d'huile d'olive
- 1 cuillère à café d'origan séché
- Sel et poivre au goût

Instructions :

1. En mode "Sauté", faites revenir l'oignon et l'ail dans l'huile d'olive.
2. Ajoutez les courgettes, les tomates, le coulis de tomate, l'origan, le sel et le poivre.
3. Ajoutez les pâtes et fermez le couvercle. Cuisez en mode "Cuisson sous pression" pendant 5 minutes.

Poulet à la Moutarde et aux Champignons

❖ préparation : 15 minutes Temps de cuisson : 20 minutes sous pression Portions : 4 personnes

Ingrédients :

- 1,2 kg de morceaux de poulet
- 300 g de champignons, tranchés
- 2 oignons, hachés
- 200 ml de bouillon de poulet
- 100 ml de substitut de jus de raisin blanc
- 3 cuillères à soupe de moutarde de Dijon
- 2 cuillères à soupe d'huile d'olive
- Sel et poivre au goût

Instructions :

1. En mode "Sauté", faites dorer le poulet dans l'huile d'olive.
2. Ajoutez les oignons et les champignons, puis versez le substitut de jus de raisin blanc et le bouillon de poulet.
3. Fermez le couvercle et cuisez en mode "Cuisson sous pression" pendant 20 minutes.
4. Ajoutez la moutarde, mélangez, et assaisonnez selon votre goût.

Poulet aux Champignons et Herbes de Provence

❖ préparation : 15 minutes Temps de cuisson : 25 minutes sous pression Portions : 4 personnes

Ingrédients :

- 1,2 kg de morceaux de poulet
- 400 g de champignons, tranchés
- 2 oignons, hachés
- 200 ml de bouillon de poulet
- 100 ml de bouillon de légumes
- 2 cuillères à soupe d'herbes de Provence
- 2 cuillères à soupe d'huile d'olive
- Sel et poivre au goût

Instructions :

1. En mode "Sauté", faites dorer le poulet dans l'huile d'olive.
2. Ajoutez les oignons et les champignons, puis versez les bouillons.
3. Saupoudrez d'herbes de Provence, fermez le couvercle et cuisez en mode "Cuisson sous pression" pendant 25 minutes.
4. Assaisonnez avec du sel et du poivre.

Poulet au Citron et aux Herbes

❖ préparation : 10 minutes Temps de cuisson : 12 minutes sous pression Portions : 4 personnes

Ingrédients :

- 800 g de morceaux de poulet
- Jus et zeste de 2 citrons
- 3 gousses d'ail, émincées
- 2 cuillères à soupe d'herbes fraîches (thym, romarin)
- 250 ml de bouillon de poulet
- 2 cuillères à soupe d'huile d'olive
- Sel et poivre au goût

Instructions :

1. En mode "Sauté", faites dorer le poulet dans l'huile d'olive.
2. Ajoutez l'ail, le jus de citron, le zeste, les herbes, le bouillon de poulet.
3. Fermez le couvercle et cuisez en mode "Cuisson sous pression" pendant 12 minutes.
4. Assaisonnez avec du sel et du poivre.

Poulet au Curry et au Lait de Coco

❖ Temps de préparation : 10 minutes Temps de cuisson : 15 minutes sous pression Portions : 4 personnes

Ingrédients :

- 800 g de morceaux de poulet
- 400 ml de lait de coco
- 2 cuillères à soupe de pâte de curry rouge
- 1 oignon, haché
- 3 gousses d'ail, émincées
- 1 poivron rouge, coupé en lanières
- 1 cuillère à soupe d'huile végétale
- Sel et poivre au goût

Instructions :

1. En mode "Sauté", faites revenir l'oignon et l'ail dans l'huile jusqu'à ce qu'ils soient dorés.
2. Ajoutez les morceaux de poulet, la pâte de curry, le lait de coco, le poivron, le sel et le poivre.
3. Cuisez en mode "Cuisson sous pression" pendant 15 minutes.

Poulet au Curry et Lait de Coco :

❖ Temps de préparation : 15 minutes Temps de cuisson : 20 minutes sous pression

❖ Portions : 4 personnes

Ingrédients :

- 1,2 kg de morceaux de poulet
- 400 ml de lait de coco
- 2 cuillères à soupe de pâte de curry jaune
- 1 oignon, haché
- 3 gousses d'ail, émincées
- 2 carottes, coupées en rondelles
- 2 pommes de terre, coupées en dés
- 2 cuillères à soupe d'huile d'olive
- Sel et poivre au goût

Instructions :

1. En mode "Sauté", faites revenir l'oignon et l'ail dans l'huile d'olive.
2. Ajoutez le poulet, les carottes, les pommes de terre, la pâte de curry, et mélangez.
3. Versez le lait de coco, fermez le couvercle et cuisez en mode "Cuisson sous pression" pendant 20 minutes.
4. Assaisonnez avec du sel et du poivre.

Poulet au Curry Coco

❖ Temps de préparation : 10 minutes Temps de cuisson : 15 minutes sous pression Portions : 4 personnes

Ingrédients :

- 800 g de morceaux de poulet
- 400 ml de lait de coco
- 2 cuillères à soupe de pâte de curry rouge
- 1 oignon, haché
- 3 gousses d'ail, émincées
- 1 poivron rouge, coupé en lanières
- 1 cuillère à soupe d'huile d'olive
- Sel et poivre au goût

Instructions :

1. En mode "Sauté", faites revenir l'oignon et l'ail dans l'huile jusqu'à ce qu'ils soient dorés.
2. Ajoutez les morceaux de poulet, la pâte de curry, le lait de coco, le poivron, le sel et le poivre.
3. Cuisez en mode "Cuisson sous pression" pendant 15 minutes.

Ratatouille au Poulet

❖ Temps de préparation : 15 minutes Temps de cuisson : 10 minutes sous pression Portions : 4 personnes

Ingrédients :

- 800 g de morceaux de poulet
- 2 aubergines, coupées en dés
- 2 courgettes, coupées en dés
- 2 poivrons rouges, coupés en lanières
- 4 tomates, coupées en dés
- 1 oignon, haché
- 3 gousses d'ail, émincées
- 2 cuillères à soupe d'huile d'olive
- 1 cuillère à café d'herbes de Provence
- Sel et poivre au goût

Instructions :

1. En mode "Sauté", faites revenir l'oignon et l'ail dans l'huile d'olive jusqu'à ce qu'ils soient dorés.
2. Ajoutez le poulet, les aubergines, les courgettes, les poivrons, les tomates, les herbes de Provence, le sel et le poivre.
3. Cuisez en mode "Cuisson sous pression" pendant 10 minutes.

Ratatouille Provençale

❖ Temps de préparation : 15 minutes Temps de cuisson : 10 minutes sous pression Portions : 4 personnes

Ingrédients :

- 2 aubergines, coupées en dés
- 2 courgettes, coupées en dés
- 2 poivrons rouges, coupés en lanières
- 4 tomates, coupées en dés
- 1 oignon, haché
- 3 gousses d'ail, émincées
- 2 cuillères à soupe d'huile d'olive
- 1 cuillère à café d'herbes de Provence
- Sel et poivre au goût

Instructions :

1. En mode "Sauté", faites revenir l'oignon et l'ail dans l'huile jusqu'à ce qu'ils soient dorés.
2. Ajoutez les aubergines, les courgettes, les poivrons, les tomates, les herbes de Provence, le sel et le poivre.
3. Cuisez en mode "Cuisson sous pression" pendant 10 minutes.

Risotto aux Légumes Printaniers

❖ Temps de préparation : 10 minutes Temps de cuisson : 5 minutes sous pression
❖ Portions : 4 personnes

Ingrédients :

- 300 g de riz arborio
- 1 litre de bouillon de légumes
- 2 courgettes, coupées en dés
- 200 g de petits pois
- 1 oignon, haché
- 2 cuillères à soupe d'huile d'olive
- 50 g de parmesan râpé
- Sel et poivre au goût

Instructions :

1. En mode "Sauté", faites revenir l'oignon dans l'huile d'olive.
2. Ajoutez le riz, les courgettes, les petits pois, et versez le bouillon de légumes.
3. Fermez le couvercle et cuisez en mode "Cuisson sous pression" pendant 5 minutes.
4. Ajoutez le parmesan, mélangez, et assaisonnez selon votre goût.

RÔTIS ET DE CARAMÉLISATION

Boeuf Stroganoff Instant Pot

- ❖ Temps de préparation : 15 minutes
- ❖ Temps de cuisson : 20 minutes (sous pression)
- ❖ Temps de rôtissage : 10 minutes (au four)
- ❖ Portions : Environ 4 portions

Ingrédients :

- 500 g de boeuf, coupé en lanières
- Sel et poivre, au goût
- 2 cuillères à soupe d'huile d'olive
- 1 oignon, haché
- 2 gousses d'ail, hachées
- 250 g de champignons, tranchés
- 2 cuillères à soupe de farine
- 250 ml de bouillon de boeuf
- 2 cuillères à soupe de moutarde de Dijon
- 2 cuillères à soupe de sauce Worcestershire
- 125 ml de crème fraîche
- Persil frais (pour garnir)

Instructions :

1. Assaisonnez les lanières de boeuf avec du sel et du poivre.
2. Sélectionnez le mode "Sauté" sur l'Instant Pot et faites chauffer l'huile d'olive.
3. Faites dorer les lanières de boeuf des deux côtés.
4. Ajoutez l'oignon, l'ail et les champignons. Faites-les sauter pendant quelques minutes.
5. Saupoudrez de farine et remuez bien.
6. Versez le bouillon de boeuf, la moutarde de Dijon et la sauce Worcestershire dans l'Instant Pot. Mélangez bien.
7. Fermez le couvercle de l'Instant Pot et réglez-le en mode "Cuisson sous pression" pendant 20 minutes.
8. Une fois la cuisson terminée, retirez les lanières de boeuf de l'Instant Pot.
9. Préchauffez le four en mode "Gril".
10. Placez les lanières de boeuf sur une plaque de cuisson et rôti-les au four pendant environ 10 minutes jusqu'à ce qu'elles soient dorées.
11. Ajoutez la crème fraîche à la sauce du fond de cuisson.
12. Servez le boeuf stroganoff garni de persil frais.

Poitrines de Poulet Teriyaki Instant Pot

- ❖ Temps de préparation : 10 minutes
- ❖ Temps de cuisson : 15 minutes (sous pression)
- ❖ Temps de rôtissage : 10 minutes (au four)
- ❖ Portions : Environ 4 portions

Ingrédients :

- 4 poitrines de poulet
- Sel et poivre, au goût
- 250 ml de sauce teriyaki
- 60 ml de miel
- 2 cuillères à soupe de sauce soja
- 2 cuillères à soupe d'huile d'olive
- Graines de sésame (pour garnir)
- 250 ml de jus de raisin

Instructions :

1. Assaisonnez les poitrines de poulet avec du sel et du poivre.
2. Sélectionnez le mode "Sauté" sur l'Instant Pot et faites chauffer l'huile d'olive.
3. Faites dorer les poitrines de poulet des deux côtés.
4. Dans un bol, mélangez la sauce teriyaki, le miel, la sauce soja et le jus de raisin.
5. Versez ce mélange sur les poitrines de poulet dans l'Instant Pot.
6. Fermez le couvercle de l'Instant Pot et réglez-le en mode "Cuisson sous pression" pendant 15 minutes.
7. Une fois la cuisson terminée, retirez les poitrines de poulet de l'Instant Pot.
8. Préchauffez le four en mode "Gril".
9. Placez les poitrines de poulet sur une plaque de cuisson et rôti-les au four pendant environ 10 minutes jusqu'à ce qu'elles soient caramélisées.
10. Garnissez de graines de sésame avant de servir.

Poulet au Curry et Lait de Coco Instant Pot

- ❖ Temps de préparation : 15 minutes
- ❖ Temps de cuisson : 20 minutes (sous pression)
- ❖ Temps de rôtissage : 10 minutes (au four)
- ❖ Portions : Environ 4 portions

Ingrédients :

- 4 cuisses de poulet
- Sel et poivre, au goût
- 1 cuillère à soupe d'huile d'olive
- 1 oignon, haché
- 2 gousses d'ail, hachées
- 2 cuillères à soupe de pâte de curry rouge
- 1 boîte de lait de coco (400 ml)
- 250 ml de bouillon de poulet
- 1 poivron rouge, coupé en lanières
- Coriandre fraîche (pour garnir)

Instructions :

1. Assaisonnez les cuisses de poulet avec du sel et du poivre.
2. Sélectionnez le mode "Sauté" sur l'Instant Pot et faites chauffer l'huile d'olive.
3. Faites dorer les cuisses de poulet des deux côtés.
4. Ajoutez l'oignon et l'ail. Faites-les sauter pendant quelques minutes.
5. Ajoutez la pâte de curry rouge et mélangez bien.
6. Versez le lait de coco et le bouillon de poulet dans l'Instant Pot.
7. Fermez le couvercle de l'Instant Pot et réglez-le en mode "Cuisson sous pression" pendant 20 minutes.
8. Une fois la cuisson terminée, retirez les cuisses de poulet de l'Instant Pot.
9. Préchauffez le four en mode "Gril".
10. Placez les cuisses de poulet sur une plaque de cuisson et rôti-les au four pendant environ 10 minutes jusqu'à ce qu'elles soient caramélisées.
11. Garnissez de coriandre fraîche avant de servir.

Poulet au Citron et à l'Ail Instant Pot

- ❖ Temps de préparation : 15 minutes
- ❖ Temps de cuisson : 25 minutes (sous pression)
- ❖ Temps de rôtissage : 10 minutes (**au four**)
- ❖ Portions : Environ 4 portions

Ingrédients :

- 4 cuisses de poulet
- Sel et poivre, au goût
- 2 cuillères à soupe d'huile d'olive
- 4 gousses d'ail, émincées
- Jus de 2 citrons
- Zeste de 1 citron
- 250 ml de bouillon de poulet
- 2 cuillères à soupe de miel
- 250 ml de jus d'orange

Instructions :

1. Assaisonnez les cuisses de poulet avec du sel et du poivre.
2. Sélectionnez le mode "Sauté" sur l'Instant Pot et faites chauffer l'huile d'olive.
3. Faites dorer les cuisses de poulet des deux côtés.
4. Ajoutez l'ail, le jus de citron, le zeste de citron, le bouillon de poulet et le miel dans l'Instant Pot.
5. Fermez le couvercle de l'Instant Pot et réglez-le en mode "Cuisson sous pression" pendant 25 minutes.
6. Une fois la cuisson terminée, retirez les cuisses de poulet de l'Instant Pot.
7. Préchauffez le four en mode "Gril".
8. Placez les cuisses de poulet sur une plaque de cuisson et rôti-les au four pendant environ 10 minutes jusqu'à ce qu'elles soient caramélisées.
9. Servez le poulet au citron et à l'ail avec la sauce du fond de cuisson.

Rôti de Dinde aux Canneberges

- ❖ Temps de préparation : 15 minutes
- ❖ Temps de cuisson : 30 minutes (sous pression)
- ❖ Temps de rôtissage : 15 minutes (au four)
- ❖ Portions : Environ 6 portions

Ingrédients :

- 1 rôti de dinde de 1,5 kg
- Sel et poivre, au goût
- 2 cuillères à soupe d'huile d'olive
- 1 oignon, haché
- 1 pomme, coupée en quartiers
- 250 ml de bouillon de poulet
- 250 ml de jus de pomme
- 125 ml de canneberges séchées
- 60 ml de sirop d'érable
- 250 ml de jus d'orange

Instructions :

1. Assaisonnez le rôti de dinde avec du sel et du poivre.
2. Sélectionnez le mode "Sauté" sur l'Instant Pot et faites chauffer l'huile d'olive.
3. Faites dorer le rôti de dinde de tous les côtés.
4. Ajoutez l'oignon, la pomme, le bouillon de poulet, le jus de pomme, les canneberges séchées, le sirop d'érable et le jus d'orange dans l'Instant Pot.
5. Fermez le couvercle de l'Instant Pot et réglez-le en mode "Cuisson sous pression" pendant 30 minutes.
6. Une fois la cuisson terminée, retirez le rôti de dinde de l'Instant Pot.
7. Préchauffez le four en mode "Gril".
8. Placez le rôti de dinde sur une plaque de cuisson et rôti-le au four pendant environ 15 minutes jusqu'à ce qu'il soit caramélisé.
9. Servez le rôti de dinde aux canneberges avec la sauce du fond de cuisson.

Riz à la Mexicaine Instant Pot

❖ préparation : 15 minutes Temps de cuisson : 10 minutes (sous pression) Portions 6 portions

Ingrédients :

- 400 g de riz blanc
- 400 g de haricots rouges, rincés et égouttés
- 1 boîte (200 g) de maïs, égoutté
- 1 poivron rouge, coupé en dés
- 1 oignon, haché
- 2 gousses d'ail, émincées
- 1 boîte (400 g) de tomates en dés
- 250 ml de bouillon de poulet
- 1 cuillère à soupe d'huile d'olive
- 1 cuillère à café de cumin moulu
- 1 cuillère à café de chili en poudre
- 1 cuillère à café de coriandre moulue
- Sel et poivre, au goût
- Jus de lime (pour servir)
- Avocat tranché (pour garnir)

Instructions :

1. Sélectionnez le mode "Sauté" sur l'Instant Pot et faites revenir l'oignon et l'ail dans l'huile d'olive.
2. Ajoutez le riz blanc et mélangez pour bien enrober.
3. Versez les haricots rouges, le maïs, le poivron rouge, les tomates en dés, le bouillon de poulet, le cumin, le chili en poudre, la coriandre, sel et poivre. Mélangez bien.
4. Fermez le couvercle de l'Instant Pot et réglez-le en mode "Cuisson sous pression" pendant 10 minutes.
5. Une fois la cuisson terminée, laissez la pression se libérer naturellement pendant 5 minutes, puis effectuez une libération rapide.
6. Garnissez le riz à la mexicaine de jus de lime et de tranches d'avocat avant de servir.

Riz à la Créole Instant Pot

❖ préparation : 15 minutes Temps de cuisson : 6 minutes (sous pression) Portions 4 portions

Ingrédients :

- 200 g de riz blanc
- 1 oignon, haché
- 1 poivron vert, coupé en dés
- 1 boîte (400 g) de tomates concassées
- 2 gousses d'ail, émincées
- 125 ml de bouillon de poulet chaud
- 1 cuillère à soupe d'huile d'olive
- 1 cuillère à café de paprika
- 1 cuillère à café de thym séché
- 500 ml de bouillon de poulet chaud
- 2 cuillères à soupe d'huile d'olive
- Sel et poivre, au goût
- Persil frais, haché (pour garnir)

Instructions :

1. Sélectionnez le mode "Sauté" sur l'Instant Pot et faites revenir l'oignon et l'ail dans l'huile d'olive.
2. Ajoutez le riz blanc, le poivron vert, les tomates concassées, le paprika, le thym, sel et poivre. Mélangez bien.
3. Versez le bouillon de poulet chaud et remuez.
4. Fermez le couvercle de l'Instant Pot et réglez-le en mode "Cuisson sous pression" pendant 6 minutes.
5. Une fois la cuisson terminée, laissez la pression se libérer naturellement pendant 5 minutes, puis effectuez une libération rapide.
6. Remuez délicatement le riz à la créole avant de servir. Garnissez de persil frais.

Riz à l'Espagnole Instant Pot

- ❖ Temps de préparation : 20 minutes
- ❖ Temps de cuisson : 6 minutes (sous pression)
- ❖ Portions : Environ 4 portions

Ingrédients :

- 200 g de riz à grain court
- 1 poivron rouge, coupé en dés
- 1 oignon, haché
- 2 saucisses chorizo, tranchées
- 1 boîte (400 g) de tomates concassées
- 500 ml de bouillon de poulet chaud
- 2 cuillères à soupe d'huile d'olive
- 2 cuillères à café de paprika
- 1 cuillère à café de curcuma
- Sel et poivre, au goût
- Persil frais, haché (pour garnir)

Instructions :

1. Sélectionnez le mode "Sauté" sur l'Instant Pot et faites revenir l'oignon dans l'huile d'olive.
2. Ajoutez le riz à grain court, le poivron rouge, et faites-les sauter pendant quelques minutes.
3. Ajoutez les saucisses chorizo, le paprika, le curcuma, sel et poivre. Mélangez bien.
4. Versez le bouillon de poulet chaud et les tomates concassées. Remuez.
5. Fermez le couvercle de l'Instant Pot et réglez-le en mode "Cuisson sous pression" pendant 6 minutes.
6. Une fois la cuisson terminée, laissez la pression se libérer naturellement pendant 5 minutes, puis effectuez une libération rapide.
7. Remuez délicatement le riz à l'espagnole avant de servir. Garnissez de persil frais.

Riz à la Jardinière Instant Pot

- ❖ Temps de préparation : 15 minutes Temps de cuisson : 7 minutes (sous pression) Portions 4 portions

Ingrédients :

- 200 g de riz blanc
- 1 poivron rouge, coupé en dés
- 1 courgette, coupée en dés
- 1 carotte, coupée en dés
- 1 oignon, haché
- 2 gousses d'ail, émincées
- 500 ml de bouillon de légumes
- 2 cuillères à soupe d'huile d'olive
- Sel et poivre, au goût
- Persil frais, haché (pour garnir)

Instructions :

1. Sélectionnez le mode "Sauté" sur l'Instant Pot et faites revenir l'oignon et l'ail dans l'huile d'olive.
2. Ajoutez le riz blanc, le poivron rouge, la courgette, la carotte, sel et poivre. Mélangez bien.
3. Versez le bouillon de légumes et remuez.
4. Fermez le couvercle de l'Instant Pot et réglez-le en mode "Cuisson sous pression" pendant 7 minutes.
5. Une fois la cuisson terminée, laissez la pression se libérer naturellement pendant 5 minutes, puis effectuez une libération rapide.
6. Remuez délicatement le riz à la jardinière avant de servir. Garnissez de persil frais.

Riz au Citron et aux Herbes Instant Pot

- ❖ Temps de préparation : 10 minutes Temps de cuisson : 6 minutes (sous pression) Portions 4 portions

Ingrédients :

- 200 g de riz basmati
- Zeste et jus de 2 citrons
- 2 cuillères à soupe de persil frais, haché
- 1 cuillère à soupe de ciboulette fraîche, hachée
- 1 cuillère à soupe de menthe fraîche, hachée
- 500 ml de bouillon de légumes
- 2 cuillères à soupe d'huile d'olive
- Sel et poivre, au goût

Instructions :

1. Sélectionnez le mode "Sauté" sur l'Instant Pot et faites revenir le riz dans l'huile d'olive jusqu'à ce qu'il devienne légèrement doré.
2. Ajoutez le zeste et le jus de citron, le persil, la ciboulette, la menthe, sel et poivre. Mélangez bien.
3. Versez le bouillon de légumes et remuez.
4. Fermez le couvercle de l'Instant Pot et réglez-le en mode "Cuisson sous pression" pendant 6 minutes.
5. Une fois la cuisson terminée, laissez la pression se libérer naturellement pendant 5 minutes, puis effectuez une libération rapide.
6. Remuez délicatement le riz au citron et aux herbes avant de servir.

Riz au Citron et aux Herbes Instant Pot

- ❖ Temps de préparation : 15 minutes Temps de cuisson : 6 minutes (sous pression) Portions 4 portions

Ingrédients :

- 200 g de riz basmati
- Zeste et jus de 2 citrons
- 60 ml d'huile d'olive
- 1 bouquet de persil frais, haché
- 1 bouquet de menthe fraîche, haché
- 500 ml de bouillon de légumes chaud
- Sel et poivre, au goût

Instructions :

1. Sélectionnez le mode "Sauté" sur l'Instant Pot et faites revenir le zeste de citron dans l'huile d'olive.
2. Ajoutez le riz basmati et faites-le sauter pendant quelques minutes.
3. Versez le jus des citrons, le bouillon de légumes chaud, le persil, la menthe, sel et poivre. Mélangez bien.
4. Fermez le couvercle de l'Instant Pot et réglez-le en mode "Cuisson sous pression" pendant 6 minutes.
5. Une fois la cuisson terminée, laissez la pression se libérer naturellement pendant 5 minutes, puis effectuez une libération rapide.
6. Remuez délicatement le riz au citron et aux herbes avant de servir.

Riz à la Créole Instant Pot

- ❖ Temps de préparation : 15 minutes Temps de cuisson : 8 minutes (sous pression) Portions 4 portions

Ingrédients :

- 200 g de riz blanc
- 1 boîte (400 g) de tomates concassées
- 1 poivron vert, coupé en dés
- 1 oignon, haché
- 2 gousses d'ail, émincées
- 1 cuillère à café de paprika
- 1 cuillère à café de thym séché
- 500 ml de bouillon de poulet chaud
- 2 cuillères à soupe d'huile d'olive
- Sel et poivre, au goût
- Persil frais, haché (pour garnir)

Instructions :

1. Sélectionnez le mode "Sauté" sur l'Instant Pot et faites revenir l'oignon et l'ail dans l'huile d'olive.
2. Ajoutez le riz blanc, le poivron vert, les tomates concassées, le paprika, le thym, sel et poivre. Mélangez bien.
3. Versez le bouillon de poulet chaud et remuez.
4. Fermez le couvercle de l'Instant Pot et réglez-le en mode "Cuisson sous pression" pendant 8 minutes.
5. Une fois la cuisson terminée, laissez la pression se libérer naturellement pendant 5 minutes, puis effectuez une libération rapide.
6. Remuez délicatement le riz à la créole avant de servir. Garnissez de persil frais.

Riz au Curry Végétarien Instant Pot

- ❖ Temps de préparation : 10 minutes
- ❖ Temps de cuisson : 6 minutes (sous pression)
- ❖ Portions : Environ 4 portions

Ingrédients :

- 200 g de riz basmati
- 1 boîte (400 g) de pois chiches, rincés et égouttés
- 1 poivron rouge, coupé en dés
- 1 oignon, haché
- 2 gousses d'ail, émincées
- 500 ml de bouillon de légumes
- 2 cuillères à soupe d'huile d'olive
- 2 cuillères à café de poudre de curry
- Sel et poivre, au goût
- Coriandre fraîche, hachée (pour garnir)

Instructions :

1. Sélectionnez le mode "Sauté" sur l'Instant Pot et faites revenir l'oignon et l'ail dans l'huile d'olive.
2. Ajoutez le riz basmati, les pois chiches, le poivron rouge, la poudre de curry, sel et poivre. Mélangez bien.
3. Versez le bouillon de légumes et remuez.
4. Fermez le couvercle de l'Instant Pot et réglez-le en mode "Cuisson sous pression" pendant 6 minutes.
5. Une fois la cuisson terminée, laissez la pression se libérer naturellement pendant 5 minutes, puis effectuez une libération rapide.
6. Garnissez le riz au curry végétarien de coriandre fraîche et servez.

Riz aux Haricots Noirs et à la Coriandre Instant Pot

❖ préparation : 15 minutes Temps de cuisson : 10 minutes (sous pression) Portions 6 portions

Ingrédients :

- 400 g de riz blanc
- 1 boîte (400 g) de haricots noirs, rincés et égouttés
- 1 poivron rouge, coupé en dés
- 1 oignon, haché
- 2 gousses d'ail, émincées
- 250 ml de bouillon de légumes
- 1 cuillère à soupe d'huile d'olive
- 1 cuillère à café de cumin moulu
- 1 cuillère à café de coriandre moulue
- 1 cuillère à café de paprika
- Sel et poivre, au goût
- Coriandre fraîche, hachée (pour garnir)
- Quartiers de lime (pour servir)

Instructions :

1. Sélectionnez le mode "Sauté" sur l'Instant Pot et faites revenir l'oignon et l'ail dans l'huile d'olive.
2. Ajoutez le poivron rouge et continuez à faire sauter pendant quelques minutes.
3. Ajoutez le riz blanc et mélangez pour bien enrober.
4. Versez les haricots noirs (rincés), le bouillon de légumes, le cumin, la coriandre, le paprika, sel et poivre. Mélangez bien.
5. Fermez le couvercle de l'Instant Pot et réglez-le en mode "Cuisson sous pression" pendant 10 minutes.
6. Une fois la cuisson terminée, laissez la pression se libérer naturellement pendant 5 minutes, puis effectuez une libération rapide.
7. Garnissez le riz aux haricots noirs de coriandre fraîche et servez avec des quartiers de lime.

Riz Jollof Instant Pot

❖ préparation : 20 minutes Temps de cuisson : 8 minutes (sous pression) Portions 4 portions

Ingrédients :

- 200 g de riz à grains longs
- 1 poivron rouge, haché
- 1 oignon, haché
- 2 tomates, coupées en dés
- 2 cuillères à soupe de concentré de tomate
- 500 m de bouillon de poulet chaud
- 2 cuillères à soupe d'huile végétale
- 1 cuillère à café de thym séché
- 1 cuillère à café de piment de Cayenne (facultatif)
- Sel et poivre, au goût

Instructions :

1. Sélectionnez le mode "Sauté" sur l'Instant Pot et faites revenir l'oignon dans l'huile végétale.
2. Ajoutez le poivron rouge, les tomates, le concentré de tomate, le thym, le piment de Cayenne, le sel et le poivre. Faites-les sauter pendant quelques minutes.
3. Ajoutez le riz à grains longs et remuez bien.
4. Versez le bouillon de poulet chaud dans l'Instant Pot et remuez à nouveau.
5. Fermez le couvercle de l'Instant Pot et réglez-le en mode "Cuisson sous pression" pendant 8 minutes.
6. Une fois la cuisson terminée, laissez la pression se libérer naturellement pendant 5 minutes, puis effectuez une libération rapide.
7. Remuez délicatement le riz Jollof avant de servir.

Riz au Poulet et aux Légumes Instant Pot

❖ préparation : 15 minutes Temps de cuisson : 10 minutes (sous pression) Portions 4 portions

Ingrédients :

- 200 g de riz basmati
- 500 g de poitrines de poulet, coupées en morceaux
- 1 poivron rouge, coupé en dés
- 1 courgette, coupée en rondelles
- 1 carotte, coupée en dés
- 1 oignon, haché
- 2 gousses d'ail, émincées
- 500 ml de bouillon de poulet
- 2 cuillères à soupe d'huile d'olive
- 1 cuillère à café de curcuma
- Sel et poivre, au goût

Instructions :

1. Sélectionnez le mode "Sauté" sur l'Instant Pot et faites revenir l'oignon et l'ail dans l'huile d'olive.
2. Ajoutez les morceaux de poulet et faites-les dorer de tous les côtés.
3. Ajoutez le riz basmati, le poivron rouge, la courgette, la carotte, le curcuma, sel et poivre. Mélangez bien.
4. Versez le bouillon de poulet et remuez.
5. Fermez le couvercle de l'Instant Pot et réglez-le en mode "Cuisson sous pression" pendant 10 minutes.
6. Une fois la cuisson terminée, laissez la pression se libérer naturellement pendant 5 minutes, puis effectuez une libération rapide.
7. Remuez délicatement le riz au poulet et aux légumes avant de servir.

Riz au Poulet Curry Instant Pot

❖ préparation : 20 minutes Temps de cuisson : 8 minutes (sous pression) Portions 4 portions

Ingrédients :

- 200 g de riz basmati
- 500 g de poitrines de poulet, coupées en morceaux
- 1 oignon, haché
- 2 gousses d'ail, émincées
- 1 poivron rouge, coupé en dés
- 1 boîte (400 ml) de lait de coco
- 1 boîte (400 g) de tomates en dés
- 2 cuillères à soupe de pâte de curry rouge
- 1 cuillère à soupe d'huile d'olive
- 1 cuillère à café de curcuma
- 1 cuillère à café de coriandre moulue
- Sel et poivre, au goût
- Coriandre fraîche, hachée (pour garnir)

Instructions :

1. Sélectionnez le mode "Sauté" sur l'Instant Pot et faites revenir l'oignon et l'ail dans l'huile d'olive.
2. Ajoutez le poulet et faites-le dorer de tous les côtés.
3. Ajoutez le poivron rouge, le riz basmati, le lait de coco, les tomates en dés, la pâte de curry rouge, le curcuma, la coriandre, sel et poivre. Mélangez bien.
4. Fermez le couvercle de l'Instant Pot et réglez-le en mode "Cuisson sous pression" pendant 8 minutes.
5. Une fois la cuisson terminée, laissez la pression se libérer naturellement pendant 5 minutes, puis effectuez une libération rapide.
6. Garnissez le riz au poulet curry de coriandre fraîche avant de servir.

Riz Pilaf aux Champignons Instant Pot

- ❖ Temps de préparation : 10 minutes Temps de cuisson : 6 minutes (sous pression) Portions 4 portions
- Ingrédients :
- 200 g de riz basmati
- 200 g de champignons, tranchés
- 1 oignon, haché
- 2 gousses d'ail, émincées
- 500 ml de bouillon de légumes
- 2 cuillères à soupe d'huile d'olive
- Sel et poivre, au goût
- Persil frais, haché (pour garnir)

Instructions :

1. Sélectionnez le mode "Sauté" sur l'Instant Pot et faites revenir l'oignon et l'ail dans l'huile d'olive.
2. Ajoutez les champignons tranchés et faites-les sauter jusqu'à ce qu'ils soient dorés.
3. Ajoutez le riz basmati et mélangez pour enrober.
4. Versez le bouillon de légumes, sel et poivre. Mélangez bien.
5. Fermez le couvercle de l'Instant Pot et réglez-le en mode "Cuisson sous pression" pendant 6 minutes.
6. Une fois la cuisson terminée, laissez la pression se libérer naturellement pendant 5 minutes, puis effectuez une libération rapide.
7. Garnissez le riz pilaf aux champignons de persil frais et servez.

Riz Pilaf aux Légumes Instant Pot

- ❖ Temps de préparation : 15 minutes
- ❖ Temps de cuisson : 6 minutes (sous pression)
- ❖ Portions : Environ 4 portions

Ingrédients :

- 200 g de riz basmati
- 1 carotte, coupée en dés
- 1 poireau, tranché
- 1 oignon, haché
- 500 ml de bouillon de légumes chaud
- 2 cuillères à soupe d'huile d'olive
- 1 cuillère à café de cumin en poudre
- Sel et poivre, au goût

Instructions :

1. Sélectionnez le mode "Sauté" sur l'Instant Pot et faites revenir l'oignon dans l'huile d'olive.
2. Ajoutez le riz basmati, le poireau, la carotte, le cumin, sel et poivre. Mélangez bien.
3. Versez le bouillon de légumes chaud et remuez.
4. Fermez le couvercle de l'Instant Pot et réglez-le en mode "Cuisson sous pression" pendant 6 minutes.
5. Une fois la cuisson terminée, laissez la pression se libérer naturellement pendant 5 minutes, puis effectuez une libération rapide.
6. Remuez délicatement le riz pilaf aux légumes avant de servir.

Riz Pilaf au Poulet Instant Pot

❖ préparation : 15 minutes Temps de cuisson : 8 minutes (sous pression) Portions 4 portions

Ingrédients :

- 200 g de riz basmati
- 500 g de poitrines de poulet, coupées en dés
- 1 oignon, haché
- 2 gousses d'ail, émincées
- 250 ml de bouillon de poulet
- 125 ml de bouillon de poulet
- 125 ml de petits pois surgelés
- 2 cuillères à soupe d'huile d'olive
- 1 cuillère à café de curcuma
- Sel et poivre, au goût
- Persil frais, haché (pour garnir)

Instructions :

1. Sélectionnez le mode "Sauté" sur l'Instant Pot et faites revenir l'oignon et l'ail dans l'huile d'olive.
2. Ajoutez les morceaux de poulet et faites-les dorer de tous les côtés.
3. Ajoutez le riz basmati et mélangez pour enrober.
4. Versez le bouillon de poulet et laissez cuire jusqu'à ce que le liquide soit presque absorbé.
5. Ajoutez le bouillon de poulet, le curcuma, sel et poivre. Fermez le couvercle de l'Instant Pot et réglez-le en mode "Cuisson sous pression" pendant 8 minutes.
6. Une fois la cuisson terminée, laissez la pression se libérer naturellement pendant 5 minutes, puis effectuez une libération rapide.
7. Ajoutez les petits pois surgelés et mélangez. Garnissez le riz pilaf au poulet de persil frais et servez.

Riz Jambalaya Instant Pot

❖ Temps de préparation : 15 minutes Temps de cuisson : 15 minutes (sous pression) Portions portions

Ingrédients :

- 200 g de riz à grains longs
- 250 g de saucisse fumée, tranchée
- 250 g de crevettes décortiquées
- 1 poivron rouge, coupé en dés
- 1 oignon, haché
- 2 branches de céleri, tranchées
- 2 gousses d'ail, émincées
- 1 boîte (400 g) de tomates en dés
- 250 ml de bouillon de poulet
- 2 cuillères à soupe d'huile d'olive
- 1 cuillère à café de thym séché
- 1 cuillère à café de paprika
- 1 cuillère à café de piment de Cayenne
- Sel et poivre, au goût
- Ciboulette fraîche, hachée (pour garnir)

Instructions :

1. Sélectionnez le mode "Sauté" sur l'Instant Pot et faites revenir l'oignon et l'ail dans l'huile d'olive.
2. Ajoutez la saucisse tranchée et faites-la dorer.
3. Ajoutez le riz à grains longs et mélangez bien.
4. Versez les tomates en dés (avec le jus), le bouillon de poulet, le poivron rouge, le céleri, le thym, le paprika, le piment de Cayenne, sel et poivre. Mélangez bien.
5. Fermez le couvercle de l'Instant Pot et réglez-le en mode "Cuisson sous pression" pendant 15 minutes.
6. Une fois la cuisson terminée, laissez la pression se libérer naturellement pendant 5 minutes, puis effectuez une libération rapide. Ajoutez les crevettes décortiquées et mélangez délicatement.

Riz au Safran Instant Pot

- ❖ Temps de préparation : 10 minutes
- ❖ Temps de cuisson : 6 minutes (sous pression)
- ❖ Portions : Environ 4 portions

Ingrédients :

- 200 g de riz basmati
- 500 ml de bouillon de poulet chaud
- 1 oignon, haché
- 2 gousses d'ail, émincées
- 1/2 cuillère à café de safran
- 2 cuillères à soupe d'huile d'olive
- Sel et poivre, au goût

Instructions :

1. Sélectionnez le mode "Sauté" sur l'Instant Pot et faites revenir l'oignon et l'ail dans l'huile d'olive.
2. Ajoutez le riz basmati et mélangez pour enrober.
3. Diluez le safran dans le bouillon de poulet chaud.
4. Versez le bouillon de poulet safrané sur le riz. Assaisonnez avec du sel et du poivre. Mélangez bien.
5. Fermez le couvercle de l'Instant Pot et réglez-le en mode "Cuisson sous pression" pendant 6 minutes.
6. Une fois la cuisson terminée, laissez la pression se libérer naturellement pendant 5 minutes, puis effectuez une libération rapide.
7. Remuez délicatement le riz au safran avant de servir.

Risotto aux Champignons Instant Pot

- ❖ Temps de préparation : 10 minutes Temps de cuisson : 6 minutes (sous pression) Portions4 portions

Ingrédients :

- 200 g de riz Arborio
- 150 g de champignons, tranchés
- 1 oignon, haché
- 2 gousses d'ail, émincées
- 750 ml de bouillon de légumes
- 125 ml de bouillon de légumes
- 50 g de parmesan râpé
- 2 cuillères à soupe de beurre
- Sel et poivre, au goût
- Persil frais, haché (pour garnir)

Instructions :

1. Sélectionnez le mode "Sauté" sur l'Instant Pot et faites revenir l'oignon et l'ail jusqu'à ce qu'ils soient translucides.
2. Ajoutez les champignons et continuez à faire sauter pendant quelques minutes.
3. Ajoutez le riz Arborio et mélangez bien pour enrober de manière homogène.
4. Versez le bouillon de légumes) et laissez cuire jusqu'à ce que le liquide soit presque absorbé.
5. Ajoutez le bouillon de légumes, sel et poivre. Fermez le couvercle de l'Instant Pot et réglez-le en mode "Cuisson sous pression" pendant 6 minutes.
6. Une fois la cuisson terminée, laissez la pression se libérer naturellement pendant 5 minutes, puis effectuez une libération rapide.
7. Ajoutez le parmesan râpé et le beurre. Remuez jusqu'à ce que le risotto soit crémeux.

Risotto au Safran et aux Asperges Instant Pot

❖ préparation : 10 minutes Temps de cuisson : 6 minutes (sous pression) Portions 4 portions

Ingrédients :

- 200 g de riz Arborio
- 1 botte d'asperges, coupées en morceaux
- 1 oignon, haché
- 2 gousses d'ail, émincées
- 750 ml de bouillon de légumes
- 125 ml de bouillon de légumes
- 1/4 cuillère à café de safran en filaments
- 150 g de parmesan râpé
- 2 cuillères à soupe de beurre
- Sel et poivre, au goût
- Zeste de citron (pour garnir)

Instructions :

1. Sélectionnez le mode "Sauté" sur l'Instant Pot et faites revenir l'oignon et l'ail dans un peu d'huile d'olive.
2. Ajoutez les asperges et continuez à faire sauter pendant quelques minutes.
3. Ajoutez le riz Arborio et mélangez pour bien enrober.
4. Versez le bouillon de légumes) et laissez cuire jusqu'à ce que le liquide soit presque absorbé.
5. Ajoutez le safran, puis le bouillon de légumes, sel et poivre. Fermez le couvercle de l'Instant Pot et réglez-le en mode "Cuisson sous pression" pendant 6 minutes.
6. Une fois la cuisson terminée, laissez la pression se libérer naturellement pendant 5 minutes, puis effectuez une libération rapide.
7. Ajoutez le parmesan râpé et le beurre. Remuez jusqu'à ce que le risotto soit crémeux.
8. Servez le risotto au safran et aux asperges garni de zeste de citron.

Risotto au Saumon Instant Pot

❖ préparation : 15 minutes Temps de cuisson : 6 minutes (sous pression) Portions : 4 portions

Ingrédients :

- 200 g de riz arborio
- 400 g de saumon, coupé en dés
- 1 oignon, haché
- 500 ml de bouillon de poisson chaud
- 125 ml de jus de raisin blanc ou vinaigre de cidre de pomme
- 2 cuillères à soupe d'huile d'olive
- 2 cuillères à soupe de parmesan râpé
- Persil frais, haché (pour garnir)
- Sel et poivre, au goût

Instructions :

1. Sélectionnez le mode "Sauté" sur l'Instant Pot et faites revenir l'oignon dans l'huile d'olive.
2. Ajoutez le riz arborio et faites-le sauter pendant quelques minutes.
3. Versez le jus de raisin blanc ou le vinaigre de cidre de pomme dans l'Instant Pot pour déglacer le fond.
4. Ajoutez les dés de saumon et remuez.
5. Versez le bouillon de poisson chaud et remuez. Assaisonnez avec du sel et du poivre.
6. Fermez le couvercle de l'Instant Pot et réglez-le en mode "Cuisson sous pression" pendant 6 minutes.
7. Une fois la cuisson terminée, laissez la pression se libérer naturellement pendant 5 minutes, puis effectuez une libération rapide.
8. Ajoutez le parmesan râpé et remuez délicatement le risotto au saumon avant de servir. Garnissez de persil frais.

MACARONI

Macaroni à la Carbonara

- ❖ Temps de préparation : 15 minutes
- ❖ Temps de cuisson : 4 minutes sous pression
- ❖ Portions : 4 personnes

Ingrédients :

- 300 g de macaroni
- 150 g de lardons
- 3 œufs
- 100 g de parmesan râpé
- 50 ml de crème fraîche
- 2 gousses d'ail, émincées
- Poivre noir moulu
- Persil frais haché pour garnir

Instructions :

1. En mode "Sauté", faites cuire les lardons jusqu'à ce qu'ils soient croustillants. Ajoutez l'ail et faites revenir.
2. Dans un bol, battez les œufs, ajoutez le parmesan râpé, la crème fraîche, et du poivre noir.
3. Ajoutez les macaronis cuits dans l'Instant Pot au mélange d'œufs et remuez rapidement.
4. Ajoutez le mélange de macaronis dans l'Instant Pot avec les lardons et mélangez bien.
5. Fermez le couvercle et cuisez en mode "Cuisson sous pression" pendant 4 minutes.
6. Garnissez de persil frais avant de servir.

Macaroni à la Sauce Tomate Épicée

- ❖ Temps de préparation : 15 minutes
- ❖ Temps de cuisson : 4 minutes sous pression
- ❖ Portions : 4 personnes

Ingrédients :

- 300 g de macaroni
- 500 ml de coulis de tomate
- 1 oignon, haché
- 2 gousses d'ail, émincées
- 1 cuillère à café de piment en poudre
- 2 cuillères à soupe d'huile d'olive
- Sel et poivre au goût
- Basilic frais haché pour garnir

Instructions :

1. En mode "Sauté", faites revenir l'oignon et l'ail dans l'huile d'olive.
2. Ajoutez le coulis de tomate, le piment en poudre, le sel et le poivre. Fermez le couvercle et cuisez en mode "Cuisson sous pression" pendant 4 minutes.
3. Pendant ce temps, faites cuire les macaronis séparément.
4. Servez les macaronis avec la sauce tomate épicée et garnissez de basilic frais haché.

Macaroni au Fromage Classique

- ❖ Temps de préparation : 10 minutes Temps de cuisson : 4 minutes sous pression Portions : 4 personnes

Ingrédients :

- 300 g de macaroni
- 200 g de fromage cheddar, râpé
- 200 ml de lait
- 50 g de beurre
- 30 g de farine
- Sel et poivre au goût

Instructions :

1. En mode "Sauté", faites fondre le beurre. Ajoutez la farine et remuez pour faire un roux.
2. Ajoutez le lait, le fromage râpé, le sel et le poivre. Mélangez jusqu'à ce que le fromage soit fondu.
3. Ajoutez les macaronis et fermez le couvercle. Cuisez en mode "Cuisson sous pression" pendant 4 minutes.

Macaroni au Fromage et Tomates Séchées

- ❖ Temps de préparation : 15 minutes Temps de cuisson : 4 minutes sous pression Portions : 4 personnes

Ingrédients :

- 300 g de macaroni
- 150 g de fromage gouda, râpé
- 50 g de fromage feta, émietté
- 100 g de tomates séchées, hachées
- 200 ml de lait
- 50 g de beurre
- 30 g de farine
- Sel et poivre au goût

Instructions :

1. En mode "Sauté", faites fondre le beurre. Ajoutez la farine et remuez pour faire un roux.
2. Ajoutez le lait, le fromage gouda, le fromage feta, les tomates séchées, le sel et le poivre. Mélangez jusqu'à ce que le fromage soit fondu.
3. Ajoutez les macaronis et fermez le couvercle. Cuisez en mode "Cuisson sous pression" pendant 4 minutes.

Macaroni au Fromage et Brocoli

- ❖ Temps de préparation : 15 minutes
- ❖ Temps de cuisson : 4 minutes sous pression
- ❖ Portions : 4 personnes

Ingrédients :

- 300 g de macaroni
- 200 g de fromage cheddar, râpé
- 200 g de brocoli, coupé en petits bouquets
- 200 ml de lait
- 50 g de beurre
- 30 g de farine
- Sel et poivre au goût

Instructions :

1. En mode "Sauté", faites fondre le beurre. Ajoutez la farine et remuez pour faire un roux.
2. Ajoutez le lait, le fromage cheddar, le brocoli, le sel et le poivre. Mélangez jusqu'à ce que le fromage soit fondu.
3. Ajoutez les macaronis et fermez le couvercle. Cuisez en mode "Cuisson sous pression" pendant 4 minutes.

Macaroni Bolognaise

- ❖ Temps de préparation : 15 minutes
- ❖ Temps de cuisson : 4 minutes sous pression
- ❖ Portions : 4 personnes

Ingrédients :

- 300 g de macaroni
- 400 g de viande hachée
- 1 oignon, haché
- 2 gousses d'ail, émincées
- 500 ml de coulis de tomate
- 50 ml de bouillon de légumes
- 2 cuillères à soupe d'huile d'olive
- Sel et poivre au goût
- Parmesan râpé pour garnir

Instructions :

1. En mode "Sauté", faites revenir l'oignon et l'ail dans l'huile d'olive.
2. Ajoutez la viande hachée et faites-la brunir.
3. Versez le bouillon de légumes et laissez mijoter quelques minutes.
4. Ajoutez le coulis de tomate, le sel et le poivre. Fermez le couvercle et cuisez en mode "Cuisson sous pression" pendant 4 minutes.
5. Pendant ce temps, faites cuire les macaronis séparément.
6. Servez la bolognaise sur les macaronis et garnissez de parmesan râpé.

Macaroni aux Champignons et Fromage de Chèvre

- ❖ Temps de préparation : 15 minutes
- ❖ Temps de cuisson : 4 minutes sous pression
- ❖ Portions : 4 personnes

Ingrédients :

- 300 g de macaroni
- 300 g de champignons, tranchés
- 150 g de fromage de chèvre, émietté
- 200 ml de crème fraîche
- 2 gousses d'ail, émincées
- 2 cuillères à soupe d'huile d'olive
- Sel et poivre au goût
- Persil frais haché pour garnir

Instructions :

1. En mode "Sauté", faites revenir l'ail dans l'huile d'olive.
2. Ajoutez les champignons et faites-les sauter jusqu'à ce qu'ils soient dorés.
3. Ajoutez le fromage de chèvre, la crème fraîche, le sel et le poivre. Fermez le couvercle et cuisez en mode "Cuisson sous pression" pendant 4 minutes.
4. Pendant ce temps, faites cuire les macaronis séparément.
5. Mélangez la sauce aux champignons et fromage de chèvre avec les macaronis et garnissez de persil frais.

Macaroni aux Crevettes et à l'Ail :

- ❖ Temps de préparation : 20 minutes
- ❖ Temps de cuisson : 4 minutes sous pression
- ❖ Portions : 4 personnes

Ingrédients :

- 300 g de macaroni
- 300 g de crevettes décortiquées
- 4 gousses d'ail, émincées
- 1 piment rouge, haché
- 50 ml d'huile d'olive
- 200 ml de bouillon de poisson
- Jus d'un citron
- Sel et poivre au goût
- Persil frais haché pour garnir

Instructions :

1. En mode "Sauté", faites revenir l'ail et le piment dans l'huile d'olive.
2. Ajoutez les crevettes et faites-les sauter jusqu'à ce qu'elles soient roses.
3. Ajoutez le bouillon de poisson, le jus de citron, le sel et le poivre. Fermez le couvercle et cuisez en mode "Cuisson sous pression" pendant 4 minutes.
4. Pendant ce temps, faites cuire les macaronis séparément.
5. Mélangez les crevettes et la sauce avec les macaronis et garnissez de persil frais.

Macaroni aux Légumes Printaniers :

- ❖ Temps de préparation : 20 minutes
- ❖ Temps de cuisson : 4 minutes sous pression
- ❖ Portions : 4 personnes

Ingrédients :

- 300 g de macaroni
- 1 courgette, coupée en dés
- 1 poivron rouge, coupé en dés
- 1 poivron jaune, coupé en dés
- 200 g de petits pois
- 2 cuillères à soupe d'huile d'olive
- 200 ml de crème fraîche
- 2 gousses d'ail, émincées
- Sel et poivre au goût
- Basilic frais haché pour garnir

Instructions :

1. En mode "Sauté", faites revenir l'ail dans l'huile d'olive.
2. Ajoutez tous les légumes, la crème fraîche, le sel et le poivre. Faites sauter jusqu'à ce que les légumes soient tendres.
3. Fermez le couvercle et cuisez en mode "Cuisson sous pression" pendant 4 minutes.
4. Pendant ce temps, faites cuire les macaronis séparément.
5. Mélangez les légumes avec les macaronis et garnissez de basilic frais.

Macaroni au Poulet Alfredo

- ❖ Temps de préparation : 15 minutes
- ❖ Temps de cuisson : 4 minutes sous pression
- ❖ Portions : 4 personnes

Ingrédients :

- 300 g de macaroni
- 400 g de poitrine de poulet, coupée en dés
- 200 ml de crème fraîche
- 100 g de parmesan râpé
- 3 gousses d'ail, émincées
- 2 cuillères à soupe de beurre
- Sel et poivre au goût
- Persil frais haché pour garnir

Instructions :

1. En mode "Sauté", faites fondre le beurre et ajoutez l'ail.
2. Ajoutez les dés de poulet et faites-les dorer.
3. Versez la crème fraîche, le parmesan râpé, le sel et le poivre. Fermez le couvercle et cuisez en mode "Cuisson sous pression" pendant 4 minutes.
4. Pendant ce temps, faites cuire les macaronis séparément.
5. Mélangez la sauce Alfredo avec les macaronis et garnissez de persil frais haché.

Macaroni aux Légumes Méditerranéens :

- ❖ Temps de préparation : 15 minutes
- ❖ Temps de cuisson : 4 minutes sous pression
- ❖ Portions : 4 personnes

Ingrédients :

- 300 g de macaroni
- 1 aubergine, coupée en dés
- 1 courgette, coupée en dés
- 1 poivron rouge, coupé en dés
- 2 tomates, coupées en dés
- 3 cuillères à soupe d'huile d'olive
- 2 gousses d'ail, émincées
- Herbes de Provence, sel et poivre au goût
- Feta émiettée pour garnir

Instructions :

1. En mode "Sauté", faites chauffer l'huile d'olive et faites revenir l'ail.
2. Ajoutez tous les légumes, les herbes de Provence, le sel et le poivre. Faites sauter quelques minutes.
3. Fermez le couvercle et cuisez en mode "Cuisson sous pression" pendant 4 minutes.
4. Pendant ce temps, faites cuire les macaronis séparément.
5. Mélangez les légumes avec les macaronis et garnissez de feta émiettée.

DESSERTS

Crêpes Suzette à l'Orange :

❖ préparation : 15 minutes Temps de cuisson : 15 minutes sous pression Portions : 4 personnes

Ingrédients :
- 200 g de farine
- 400 ml de lait
- 3 œufs
- Zeste et jus de 2 oranges
- 100 g de sucre
- 50 g de beurre
- 50 ml de Grand Marnier (ou substitut d'orange)

Instructions :
1. Préparez la pâte à crêpes en mélangeant la farine, le lait, les œufs. Cuisez les crêpes dans l'Instant Pot.
2. Dans une casserole, faites fondre le sucre dans le jus d'orange et le zeste. Ajoutez le beurre et le Grand Marnier.
3. Imbibez les crêpes avec la sauce à l'orange. Fermez le couvercle de l'Instant Pot et cuisez en mode "Cuisson sous pression" pendant 15 minutes.

Crème Brûlée à la Vanille

❖ préparation : 15 minutes Temps de cuisson : 20 minutes sous pression Portions : 6 personnes

Ingrédients :
- 500 ml de crème liquide
- 150 g de sucre
- 6 jaunes d'œufs
- 1 gousse de vanille, fendue et grattée
- Sucre cassonade pour caraméliser

Instructions :
1. Dans un bol, mélangez les jaunes d'œufs avec le sucre jusqu'à obtenir un mélange crémeux.
2. Chauffez la crème dans une casserole avec la gousse de vanille. Ajoutez le mélange d'œufs et sucre.
3. Versez la préparation dans des ramequins, fermez le couvercle de l'Instant Pot, et cuisez en mode "Cuisson sous pression" pendant 20 minutes.
4. Laissez refroidir, saupoudrez de sucre cassonade et caramélisez au chalumeau.

Crème Catalane au Citron

❖ Préparation : 15 minutes cuisson : 10 minutes sous pression réfrigération : 2 heures Portions : 6 personnes

Ingrédients :
- 500 ml de lait
- 4 jaunes d'œufs
- 150 g de sucre
- Zeste de 2 citrons
- 30 g de fécule de maïs
- Sucre cassonade pour caraméliser

Instructions :
1. Dans un bol, fouettez les jaunes d'œufs avec le sucre jusqu'à ce que le mélange blanchisse.
2. Ajoutez le zeste de citron et la fécule de maïs. Mélangez bien.
3. Dans une casserole, chauffez le lait jusqu'à ébullition. Ajoutez le mélange d'œufs en remuant constamment.
4. Transférez la crème dans des ramequins. Fermez le couvercle de l'Instant Pot et cuisez en mode "Cuisson sous pression" pendant 10 minutes.
5. Laissez refroidir, saupoudrez de sucre cassonade et caramélisez à l'aide d'un chalumeau.

Clafoutis aux Cerises

❖ Temps de préparation : 15 minutes Temps de cuisson : 25 minutes sous pression Portions : 8 personnes

Ingrédients :

- 500 g de cerises dénoyautées
- 4 œufs
- 100 g de sucre
- 1 cuillère à soupe de farine
- 250 ml de lait
- 1 cuillère à café d'extrait de vanille

Instructions :

1. Disposez les cerises dans le fond d'un moule. Dans un bol, fouettez les œufs avec le sucre, la farine, le lait, et l'extrait de vanille.
2. Versez le mélange sur les cerises. Fermez le couvercle de l'Instant Pot et cuisez en mode "Cuisson sous pression" pendant 25 minutes.
3. Laissez refroidir avant de démouler.

Cheesecake aux Fruits Rouges

Temps de préparation : 20 minutes Temps de cuisson : 35 minutes sous pression
Temps de refroidissement : 4 heures Portions : 8 personnes

Ingrédients :

- 200 g de biscuits secs
- 80 g de beurre fondu
- 400 g de fromage frais (type Philadelphia)
- 150 g de sucre
- 3 œufs
- 1 cuillère à soupe de farine
- 1 cuillère à café d'extrait de vanille
- Fruits rouges pour la garniture

Instructions :

1. Mixez les biscuits et mélangez-les avec le beurre fondu pour former la base du cheesecake.
2. Dans un autre bol, battez le fromage frais avec le sucre, ajoutez les œufs un par un, puis la farine et l'extrait de vanille.
3. Versez la préparation sur la base de biscuits dans un moule, fermez le couvercle de l'Instant Pot, et cuisez en mode "Cuisson sous pression" pendant 35 minutes.
4. Laissez refroidir complètement avant de garnir de fruits rouges.

Compote de Pommes à la Cannelle :

❖ Temps de préparation : 10 minutes Temps de cuisson : 10 minutes sous pression Portions : 4 personnes

Ingrédients :

- 1 kg de pommes, pelées, épépinées et coupées en morceaux
- 100 g de sucre
- 1 cuillère à café de cannelle
- Jus d'un citron

Instructions :

1. Dans l'Instant Pot, mélangez les morceaux de pommes avec le sucre, la cannelle, et le jus de citron.
2. Fermez le couvercle et cuisez en mode "Cuisson sous pression" pendant 10 minutes.
3. Écrasez légèrement les pommes cuites pour obtenir une compote.

Compote de Fruits d'Hiver :

- ❖ Temps de préparation : 10 minutes
- ❖ Temps de cuisson : 5 minutes sous pression
- ❖ Portions : 4 personnes

Ingrédients :

- 2 pommes, pelées, épépinées et coupées en morceaux
- 2 poires, pelées, épépinées et coupées en morceaux
- 200 g de cerises dénoyautées
- 50 g de sucre
- Jus d'une orange
- 1 bâton de cannelle

Instructions :

1. Dans l'Instant Pot, mélangez les fruits, le sucre, le jus d'orange, et le bâton de cannelle.
2. Fermez le couvercle et cuisez en mode "Cuisson sous pression" pendant 5 minutes.
3. Retirez le bâton de cannelle avant de servir.

Compote de Pêches à la Vanille

- ❖ Temps de préparation : 10 minutes Temps de cuisson : 5 minutes sous pression Portions : 4 personnes

Ingrédients :

- 4 pêches, pelées, épépinées et coupées en morceaux
- 50 g de sucre
- 1 gousse de vanille, fendue et grattée

Instructions :

1. Dans l'Instant Pot, mélangez les morceaux de pêches avec le sucre et la vanille.
2. Fermez le couvercle et cuisez en mode "Cuisson sous pression" pendant 5 minutes.
3. Écrasez légèrement les pêches cuites pour obtenir une compote.

Compote de Rhubarbe et Fraises :

- ❖ Temps de préparation : 10 minutes
- ❖ Temps de cuisson : 5 minutes sous pression
- ❖ Portions : 4 personnes

Ingrédients :

- 300 g de rhubarbe, coupée en morceaux
- 200 g de fraises, coupées en morceaux
- 100 g de sucre
- Jus d'une orange
- 1 cuillère à café de vanille

Instructions :

1. Dans l'Instant Pot, mélangez la rhubarbe, les fraises, le sucre, le jus d'orange, et la vanille.
2. Fermez le couvercle et cuisez en mode "Cuisson sous pression" pendant 5 minutes.
3. Laissez refroidir avant de servir.

Fondant au Chocolat

- ❖ préparation : 15 minutes Temps de cuisson : 25 minutes sous pression Portions : 8 personnes

Ingrédients :

- 200 g de chocolat noir, fondu
- 150 g de sucre
- 100 g de beurre
- 4 œufs
- 80 g de farine
- 1 cuillère à café d'extrait de vanille

Instructions :

1. Dans un bol, mélangez le chocolat fondu avec le sucre et le beurre.
2. Ajoutez les œufs un par un, puis la farine et l'extrait de vanille.
3. Versez la pâte dans un moule, fermez le couvercle de l'Instant Pot, et cuisez en mode "Cuisson sous pression" pendant 25 minutes.
4. Laissez refroidir avant de démouler.

Fondant au Chocolat et Poires

- ❖ préparation : 15 minutes Temps de cuisson : 20 minutes sous pression Portions : 6 personnes

Ingrédients :

- 200 g de chocolat noir
- 150 g de beurre
- 150 g de sucre
- 4 œufs
- 100 g de farine
- 2 poires, pelées et coupées en dés

Instructions :

1. Faites fondre le chocolat avec le beurre. Ajoutez le sucre et mélangez.
2. Incorporez les œufs un par un, puis ajoutez la farine.
3. Versez la moitié de la pâte dans un moule. Ajoutez les dés de poires, puis versez le reste de la pâte.
4. Fermez le couvercle de l'Instant Pot et cuisez en mode "Cuisson sous pression" pendant 20 minutes.

Fondant aux Pommes et Caramel

- ❖ préparation : 15 minutes Temps de cuisson : 25 minutes sous pression Portions : 6 personnes

Ingrédients :

- 4 pommes, pelées, épépinées et coupées en tranches
- 200 g de sucre
- 100 g de beurre
- 150 g de farine
- 1 cuillère à café de levure chimique
- 3 œufs
- 200 ml de lait

Instructions :

1. Dans une casserole, faites fondre le sucre pour obtenir un caramel. Ajoutez le beurre et mélangez.
2. Versez ce mélange au fond d'un moule. Disposez les tranches de pommes sur le caramel.
3. Dans un bol, mélangez la farine, la levure, les œufs, et le lait. Versez cette préparation sur les pommes.
4. Ajoutez de l'eau dans l'Instant Pot, placez le moule sur le support et cuisez en mode "Cuisson sous pression" pendant 25 minutes.

Île Flottante au Caramel

- ❖ Temps de préparation : 20 minutes Temps de cuisson : 15 minutes sous pression Portions : 6 personnes

Ingrédients :

- 4 œufs
- 500 ml de lait
- 100 g de sucre
- 1 cuillère à café d'extrait de vanille
- 200 ml de caramel liquide

Instructions :

1. Dans un bol, battez les œufs avec le sucre et l'extrait de vanille.
2. Ajoutez le lait et mélangez bien. Versez le caramel au fond du moule.
3. Versez délicatement le mélange d'œufs et de lait dans le moule.
4. Fermez le couvercle de l'Instant Pot et cuisez en mode "Cuisson sous pression" pendant 15 minutes.

Gâteau aux Pommes et Cannelle

- ❖ Temps de préparation : 15 minutes Temps de cuisson : 25 minutes sous pression Portions : 6 personnes

Ingrédients :

- 3 pommes, pelées, épépinées et coupées en cubes
- 200 g de farine
- 150 g de sucre
- 100 g de beurre fondu
- 3 œufs
- 5 g de cannelle
- 10 g de levure chimique

Instructions :

1. Dans un bol, mélangez la farine, le sucre, le beurre fondu, les œufs, la cannelle, et la levure chimique.
2. Ajoutez les cubes de pommes et mélangez délicatement. Versez la pâte dans un moule.
3. Ajoutez de l'eau dans l'Instant Pot, placez le support et cuisez en mode "Cuisson sous pression" pendant 25 minutes.

Gâteau au Citron et Pavot

- ❖ Temps de préparation : 15 minutes Temps de cuisson : 25 minutes sous pression Portions : 8 personnes

Ingrédients :

- 200 g de farine
- 150 g de sucre
- 100 g de beurre fondu
- Jus et zeste de 2 citrons
- 3 œufs
- 10 g de graines de pavot
- 5 g de levure chimique

Instructions :

1. Dans un bol, mélangez la farine, le sucre, le beurre fondu, le jus et le zeste de citron, les œufs, les graines de pavot, et la levure chimique.
2. Versez la pâte dans un moule. Fermez le couvercle de l'Instant Pot et cuisez en mode "Cuisson sous pression" pendant 25 minutes.

Gâteau au Yaourt Citron et Amandes :

- ❖ préparation : 15 minutes Temps de cuisson : 30 minutes sous pression Portions : 8 personnes

Ingrédients :

- 200 g de yaourt nature
- 150 g de sucre
- 3 œufs
- Zeste de 2 citrons
- 200 g de farine d'amande
- 1 cuillère à café de levure chimique

Instructions :

1. Dans un bol, mélangez le yaourt, le sucre, les œufs, le zeste de citron, la farine d'amande, et la levure chimique.
2. Versez la pâte dans un moule, fermez le couvercle de l'Instant Pot, et cuisez en mode "Cuisson sous pression" pendant 30 minutes.
3. Laissez refroidir avant de démouler.

Muffins aux Myrtilles :

- ❖ préparation : 15 minutes Temps de cuisson : 12 minutes sous pression Portions : 12 muffins

Ingrédients :

- 250 g de farine
- 150 g de sucre
- 100 g de beurre fondu
- 2 œufs
- 150 ml de lait
- 1 cuillère à café de levure chimique
- 200 g de myrtilles

Instructions :

1. Dans un bol, mélangez la farine, le sucre, le beurre fondu, les œufs, le lait, et la levure chimique.
2. Ajoutez les myrtilles et mélangez délicatement.
3. Versez la pâte dans des moules à muffins. Ajoutez de l'eau dans l'Instant Pot, placez le support et cuisez en mode "Cuisson sous pression" pendant 12 minutes.

Mousse au Chocolat à la Menthe

- ❖ Temps de préparation : 15 minutes Temps de cuisson : 20 minutes sous pression
- ❖ Temps de réfrigération : 2 heures
- ❖ Portions : 6 personnes

Ingrédients :

- 200 g de chocolat noir
- 150 ml de lait
- 4 œufs
- 100 g de sucre
- 1 cuillère à soupe d'extrait de menthe

Instructions :

1. Faites fondre le chocolat avec le lait au bain-marie. Laissez refroidir.
2. Séparez les blancs d'œufs des jaunes. Montez les blancs en neige.
3. Dans un autre bol, fouettez les jaunes avec le sucre et l'extrait de menthe. Incorporez délicatement le chocolat fondu.
4. Ajoutez les blancs en neige. Versez la mousse dans des ramequins, fermez le couvercle de l'Instant Pot, et cuisez en mode "Cuisson sous pression" pendant 20 minutes.
5. Réfrigérez pendant au moins 2 heures avant de servir.

Pots de Crème au Chocolat

- ❖ Temps de préparation : 15 minutes Temps de cuisson : 20 minutes sous pression
- ❖ Portions : 6 personnes

Ingrédients :

- 200 g de chocolat noir, haché
- 500 ml de crème liquide
- 100 g de sucre
- 6 jaunes d'œufs
- 1 cuillère à café d'extrait de vanille

Instructions :

1. Faites fondre le chocolat au bain-marie. Ajoutez la crème et mélangez.
2. Dans un autre bol, fouettez les jaunes d'œufs avec le sucre et l'extrait de vanille.
3. Incorporez le mélange au chocolat. Versez la préparation dans des petits pots.
4. Fermez le couvercle de l'Instant Pot et cuisez en mode "Cuisson sous pression" pendant 20 minutes.

Pudding au Chocolat et Framboises

- ❖ Temps de préparation : 20 minutes Temps de cuisson : 15 minutes sous pression
- ❖ Temps de réfrigération : 3 heures
- ❖ Portions : 8 personnes

Ingrédients :

- 200 g de chocolat noir, haché
- 500 ml de lait
- 100 g de sucre
- 50 g de cacao en poudre
- 80 g de fécule de maïs
- 200 g de framboises

Instructions :

1. Dans une casserole, faites fondre le chocolat dans le lait. Ajoutez le sucre et le cacao en poudre. Mélangez bien.
2. Ajoutez la fécule de maïs tout en remuant pour épaissir le mélange.
3. Versez le pudding dans des ramequins, ajoutez des framboises. Fermez le couvercle de l'Instant Pot et cuisez en mode "Cuisson sous pression" pendant 15 minutes.
4. Laissez refroidir et réfrigérez pendant au moins 3 heures avant de servir.

Pudding au Riz à la Vanille

- ❖ Temps de préparation : 10 minutes Temps de cuisson : 20 minutes sous pression Portions : 6 personnes

Ingrédients :

- 200 g de riz
- 1 litre de lait
- 100 g de sucre
- 1 gousse de vanille, fendue et grattée

Instructions :

1. Dans l'Instant Pot, mélangez le riz, le lait, le sucre, et la gousse de vanille.
2. Fermez le couvercle et cuisez en mode "Cuisson sous pression" pendant 20 minutes.
3. Laissez reposer quelques minutes avant de servir.

Riz au Lait à la Cannelle :

- ❖ Temps de préparation : 10 minutes Temps de cuisson : 20 minutes sous pression Portions : 6 personnes

Ingrédients :

- 200 g de riz rond
- 1 litre de lait
- 150 g de sucre
- 1 bâton de cannelle
- Zeste d'un citron

Instructions :

1. Rincez le riz et placez-le dans l'Instant Pot avec le lait, le sucre, la cannelle, et le zeste de citron.
2. Fermez le couvercle et cuisez en mode "Cuisson sous pression" pendant 20 minutes.
3. Laissez reposer avant de servir.

Tarte aux Pommes Express

Temps de préparation : 15 minutes Temps de cuisson : 25 minutes sous pression Portions : 6 personnes

Ingrédients :

- 5 pommes, pelées, épépinées et coupées en tranches
- 200 g de farine
- 100 g de sucre
- 100 g de beurre fondu
- 1 cuillère à café de cannelle
- Zeste d'un citron

Instructions :

1. Dans un bol, mélangez la farine, le sucre, le beurre fondu, la cannelle, et le zeste de citron.
2. Disposez les tranches de pommes dans le fond du moule. Recouvrez avec le mélange de pâte.
3. Fermez le couvercle de l'Instant Pot et cuisez en mode "Cuisson sous pression" pendant 25 minutes.

Tarte au Citron Meringuée

- ❖ Temps de préparation : 20 minutes Temps de cuisson : 15 minutes sous pression Temps de réfrigération : 2 heures Portions : 8 personnes

Ingrédients :

- 200 g de biscuits sablés
- 80 g de beurre fondu
- 4 œufs
- 150 ml de jus de citron
- Zeste de 2 citrons
- 200 g de sucre
- 50 g de maïzena
- 250 ml d'eau
- 100 g de sucre glace

Instructions :

1. Mixez les biscuits sablés et mélangez-les avec le beurre fondu pour former la base.
2. Tapissez le fond d'un moule avec cette base. Dans un bol, fouettez les œufs avec le jus et le zeste de citron, le sucre, et la maïzena.
3. Versez cette préparation sur la base de biscuits. Ajoutez l'eau dans l'Instant Pot, placez le moule sur le support et cuisez en mode "Cuisson sous pression" pendant 15 minutes.
4. Laissez refroidir et réfrigérez pendant au moins 2 heures.
5. Avant de servir, saupoudrez de sucre glace et utilisez un chalumeau pour caraméliser la meringue.

Tarte Tatin aux Pommes

- ❖ Temps de préparation : 15 minutes
- ❖ Temps de cuisson : 25 minutes sous pression
- ❖ Portions : 6 personnes

Ingrédients :

- 5 pommes, pelées, épépinées et coupées en quartiers
- 150 g de sucre
- 100 g de beurre
- 200 g de pâte feuilletée

Instructions :

1. Dans l'Instant Pot, faites fondre le sucre pour obtenir un caramel. Ajoutez le beurre et mélangez.
2. Disposez les quartiers de pommes dans le caramel. Recouvrez avec la pâte feuilletée.
3. Fermez le couvercle de l'Instant Pot et cuisez en mode "Cuisson sous pression" pendant 25 minutes.

Tartelettes aux Fraises

- ❖ Temps de préparation : 20 minutes
- ❖ Temps de cuisson : 15 minutes sous pression
- ❖ Temps de réfrigération : 2 heures
- ❖ Portions : 6 tartelettes

Ingrédients :

- 300 g de fraises, coupées en tranches
- 200 g de biscuits sablés
- 80 g de beurre fondu
- 250 g de mascarpone
- 100 g de sucre glace
- 1 cuillère à café d'extrait de vanille

Instructions :

1. Mixez les biscuits sablés et mélangez-les avec le beurre fondu pour former la base des tartelettes.
2. Répartissez cette base dans des moules à tartelettes. Dans un bol, mélangez le mascarpone avec le sucre glace et l'extrait de vanille.
3. Étalez cette crème sur les bases de biscuits. Ajoutez les tranches de fraises.
4. Ajoutez de l'eau dans l'Instant Pot, placez le support et cuisez en mode "Cuisson sous pression" pendant 15 minutes.
5. Réfrigérez pendant au moins 2 heures avant de servir.

Printed in France by Amazon
Brétigny-sur-Orge, FR